SOUNDING WINDS

IMPROVISATIONSMETHODEN UND SPIELE ZUR VERKLANGLICHUNG VON WIND UND SPIELE IN DEN BERGEN FÜR BLÄSERENSEMBLE

VON EDDA LAHMANN 2021 AKTUALISIERT 2022 / 2024

Vorwort

Die Arbeit, im Original Winds over Breathing Mountains mit Veranstaltungskonzept Music in the Mountains und initialen Visualisierungen der Klangwelle ist meine Antwort auf mehr oder weniger traditionelle Wettbewerbe 2020/2021 entstanden und legt den Schwerpunkt auf die Experimentierfreude gemeinsam in den Bergen zu musizieren und elementare Musik- und Klangerfahrungen zu ermöglichen.

Die Arbeit ist ohne Auftrag entstanden und beruht zu voller Gänze, so nicht anders angegeben, auf meiner Idee, Konzept, Invention und eigenständigen Arbeit, aber inspiriert von der Trias Wind, Bläser und Berge in Zeiten Coronas.

Nach Ablehnung habe ich die Arbeit in überarbeiteter Fassung als Sounding Winds bezeichnet und die ausgearbeitete Visualisierungsdatei die Klangwelle im Herbst 2021 weitreich versendet. Diese waren ab Herbst 2021 auf meinen Webseiten zum Erwerb angeboten. Das Veranstaltungskonzept ist auf der Webseite von mkmnoe downzuloaden.

vorliegende Fassung

Erweitert ist die vorliegende Fassung durch die ausgearbeiteten Poems to the sky und die Tages- und Jahreszeitenwinde der Fassung von 2022. Die Grafik von Hoch- und Tiefdruck ist ausgewechselt und die Spielanleitung überarbeitet. Der Passat ist erweitert durch die Erkenntnisse meiner Arbeit Sounding Universe. Die aktualisierten Visualisierungen der Klangwelle finden Sie im Anhang.

Die Sounding Winds enthalten in nuce alles, was Musik für mich bedeutet. Ich bin der Überzeugung, dass ich mit dieser Arbeit die Verklanglichung von Naturphänomenen und die Relation Klang und Farbe für vor allem jugendliche Ensemble verfügbar gemacht habe und vielfältiges Material zur didaktischen Aufbereitung zur Wahrnehmung von Klang als visuelles Korrelat und für Spiele im Naturraum und zur musikalischen Komposition von Naturphänomenen ausgearbeitet habe, was es in dieser Form bisher nicht gab.

Mit Respekt für meine Werk- und Urheberrechte. Mögen Windwerk Vorarlberg und Thomas Ludescher nach wiederholter Ablehnung mit ihren eigenen Ideen glücklich sein.

Auf Angebote zur Zusammenarbeit für den großen Gesang, siehe klangwellenspiele.com und grossergesang.com freue ich mich.

PLÄDOYER (2021)

Die Welt braucht auch nachdem die Pandemie der Geschichte anzugehören scheint neue Kraft und frische Winde

Da wir in fast allen Bereichen unsere Verbundenheit mit der Natur verloren haben, steht die Verbindung von Natur und Musik im Zentrum des Vorhabens, um den Reichtum und die Notwendigkeit der Naturverbundenheit für unser aller Überleben und Leben ins Bewusstsein zu rufen und zu erneuern

Die Berge und die Bläser sind nicht nur in Österreich ein Bezugssystem.

Die geologischen und maritimen Gegebenheiten eines Landes, einer Landschaft, einer Region sind für die Musikkultur eines Landes und auch einer landschaftlichen Region mitschöpfende Kräfte.

Die Verbindung von Natur und Musik steht im Zentrum des Vorhabens, soll nicht nur dem Menschen für die Mobilisierung neuer Kräfte dienen, sondern auch der Natur.

Die Bläser ermöglichen Musik im Natur- und Außenraum, sie können an allen Orten spielen und gehört werden und sich mit ihrem Instrument frei im Raum bewegen. Die Musik der Blasinstrumente ist dem Menschen und den Lüften aufgrund des Atems als Spielmedium und der Luft als Schwingungsmedium verwandt. Atem und Luft verbindet sich zu Klang und Musik, die über die Luft auch die Winde beschwingt.

Daher wird die **Musik in den Bergen** für die Berge, für die Winde und Wolken, für Gräser und Bäume, für Tiere und für die Menschen gespielt.

Neue Winde brauchen neue Inspiration, neue Klänge und neue Musik, die von allen Spielern einer Formation getragen wird.

Neue Musik wird über experimentelle und improvisatorische Übungen und Spiele neu erfunden. Eine Sammlung von Übungen steht zur Verfügung.

IMPRESSUM

Bibliografische Information der Deutschen Nationalbibliothek: Die Deutsche Nationalbibliothek verzeichnet diese Publikation in der Deutschen Nationalbibliografie; detaillierte bibliografische Daten sind im Internet über dnb.dnb.de abrufbar.

Die automatisierte Analyse des Werkes, um daraus Informationen insbesondere über Muster, Trends und Korrelationen gemäß §44b UrhG („Text und Data Mining") zu gewinnen, ist untersagt.

© 2021 **Edda Lahmann** (in Passagen aktualisiert 2022 und 2024)

Verlag: BoD · Books on Demand GmbH, Überseering 33, 22297 Hamburg, bod@bod.de
Druck: Libri Plureos GmbH, Friedensallee 273, 22763 Hamburg

ISBN: 978-3-7597-7458-3

INHALTSVERZEICHNIS

EINLEITUNG

Blasinstrumente im Kontext eines Ensembles erreichen aufgrund der Zugehörigkeit zur Instrumentengruppe der Aerophone (Luftklinger) wohl den höchsten Grad der Klangkontinuität und über Form und Material der Instrumente ein Klangspektrum, das eine hohe Variabilität und Dichte des Klangfarbenspiels entfaltet.

Die Klangkontinuität der Bläser verbindet ihrerseits klanglich-musikalische Aspekte, wie die Dauer des Klangstroms, miteinander schwingende und einander integrierende, verstärkende oder schwächende Klangvolumina unterschiedlicher Blasinstrumente und den verbundenen Tonhöhenwechsel jedes einzelnen Instrumentes.

Klangkontinuität und Klangfarbenspiel ermöglichen eine Klangentwicklung innerhalb eines Ensembles, das dem Klangmedium des Atems und der Luft am nächsten ist. Windinstruments, die englische Bezeichnung für Blasinstrumente, betont den dynamisierenden Aspekt der unmittelbaren Schwingungsanregung der Luft bei Blasinstrumenten, aber auch ihre Nähe zu Luft und ihrer Dynamisierung, dem Wind.

Das Medium Luft selbst zum Thema machen, es dynamisieren und dadurch Wind entstehen zu lassen, ist für mich eine naheliegende Folge.
Klangkontinuität und Klangfarbenspiel verstehe ich zu dem als extreme Erleichterung für musikalische Improvisationen.

Blasmusik und Berge, wo der Wind am stärksten weht, sind auch für viele Instrumentalisten und Bläserensemble ein Bezugssystem.

Ich habe die Berge von Guanajuato in Mexiko gesehen und bewandert. Rotbraune Erde, geschwungene Hügel, die sich wie gebeugte Rücken aus der Erde erheben, so weit das Auge reicht. Eine Schwerkraft, die einen auf den Boden zwingt. Hier war so etwas wie ein Atem der Berge zu spüren und zu erahnen. Ganz anders die majestätischen Alpen, ein Faltgebirge, das den Betrachter und Wanderer wie sie selber in den Himmel reißt.

Die Berge klanglich atmen lassen und die Winde, die sie bespielen, hörbar machen, auch jenseits der Berge, ist das Thema der vorliegenden Spielsammlung für Bläserensemble und zugleich ein Plädoyer für die Kraft der Musik und der Natur.

Die einzelnen Spiel- und Methodenbeschreibungen sind Anleitungen für musikalische Improvisation, die auch als Module für Spiel- und Stückentwicklungen verwendet werden können.

HANDHABUNG

Die **Methoden**, **Übungen** und **Visualisierungen** sind als Bausteine für Improvisationen, Improvisationsspiele und Übungen zu verstehen. Sie ergänzen sich gegenseitig, können aber auch isoliert verwendet werden.

Die **Improvisationsspiele** sind Struktur gebende Improvisationsspiele, die durch die Methoden und Inhalte der Übungen bereichert werden können. Ebenso dienen die Visualisierungen als Hilfsmittel für Gruppenimprovisationen oder als Grundlage für Kompositionen.

Das Spiel und Visualisierungstool, die **Klangwelle**, baut auf einem einfachen musikalischen Baustein, dem Intervall, auf. Eine Klangwelle besteht hier aus mindestens zwei Tönen, die wiederholt werden, um dann in eine neue Klangwelle überzugehen. Das Spiel wird zunächst als vorbereitende Etüde für den Einzelspieler erprobt. Aufbauend spielen zwei Spieler miteinander, dann drei oder vier, eine Kleingruppe und schließlich ein Ensemble. Die Klangwelle lässt sich besonders gut durch die in den Methoden und Übungen angeführten Spielanweisungen bereichern und durch Visualisierungen, gemäß der Schwingungsnatur von Klang und Farbe, strukturieren und imaginieren.

Die **Graphische Notation** dient in erster Linie der Wahrnehmung und Empfindung von Klängen. Sie ist ein Hilfsmittel zur Visualisierung von Klang und Klangempfindung. Sie hilft Klang in seinen räumlichen Aspekten, in seiner Bewegung, Farbe und Charakter visuell und empfindungsmäßig anzueignen. Das dadurch erworbene Wissen kann vielseitig verwendet werden. In unserem Kontext dient die grafische Notation zur kognitiv visuellen Aneignung und Elementarisierung von Klang unterschiedlicher Instrumente und ihres Zusammenspiels. Sie befähigt Anschauungsmaterial für Improvisationen herstellen zu können und Kompositionen grafisch oder malerisch zu erarbeiten. Die Ausarbeitung auf Streicher und klangliche Perkussionsinstrumente finden Sie unter Angebote auf meiner Webseite klangwellenspiele.com.

WIND[1]

WIND wird nach meteorologischen Maßstäben als eine gerichtete und stärkere Luftbewegung in der Erdatmosphäre bezeichnet.

Luft wird physikalisch als Medium beschrieben, das durch homogene Teilchenverteilung definiert ist und diesen Zustand durch Ausgleichsbewegungen mehr oder weniger eigendynamisch anstrebt.

Wind entsteht durch Druckunterschiede der Luft, die vor allem durch unterschiedliche Erwärmung der Luft über unterschiedlich erwärmten geologischen Gegebenheiten der Erde entsteht in Abhängigkeit der durch die Ekliptik verursachten Drehbewegung der Erde (Corioliskraft) und dem Einfallswinkel der Sonnenstrahlen auf die Erde.

Der Ausgleich der Druckunterschiede vollzieht sich von Hoch- zu Tiefdruckgebieten. Höhere Dichte der Luft strebt zu geringerer Dichte. Wärmere Luft steigt auf und dynamisiert höher liegende kältere Luftzonen, die als wiederum abgekühlte Luft in einer bestimmten Höhe horizontal abgelenkt werden und durch ihre Schwere sinkt. Sobald sie sich dem Boden nähert, wird sie zur erwärmten Bodenzone horizontal abgelenkt und der Zyklus beginnt von neuem.

Die Größe des Druckunterschiedes von Hoch- und Tiefdruck bestimmt die WINDSTÄRKE, die in Beaufort gemessen wird und unterschiedliche Winde definiert. Die WINDRICHTUNG wird durch die Lage von Tiefdruckgebiet und Hochdruckgebiet, gemäß der Himmelsrichtungen, bestimmt. Durch die CORIOLISKRAFT wird sie auf der Nordhalbkugel in Bewegungsrichtung nach rechts und auf der Südhalbkugel nach links abgelenkt.

WINDKREISLAUF Große Winde, wie die Passat- und Westwinde, wehen ständig im Kreis um die Erde herum. Da am Äquator die Sonnenstrahlen fast senkrecht auf die Erdoberfläche treffen, ist die Luft dort wärmer als an den Polen. Die warme Luft steigt am Äquator auf, strömt zu den Polen, kühlt dort ab und sinkt. Die kalte Luft von den Polgebieten strömt zurück zum Äquator, erwärmt sich und steigt wieder auf.

Wind wird zusätzlich durch Reibung beeinflusst und kann auch durch morphologische Strukturen wie Berge, Täler und Canyons, aber auch urbane Architektur stark variieren, ein besonderes Beispiel ist der Föhn.

---

[1] Informative Quellen: wikipedia Wind und Windgeschwindigkeit; https://www.wissenschaft-im-dialog.de/projekte/wieso/artikel/beitrag/wie-entsteht-wind/; https://www.simplyscience.ch/teens-liesnach-archiv/articles/wie-entsteht-wind.html; https://www.wasistwas.de/archiv-wissenschaft-details/wie-entsteht-wind-ueberhaupt.html; https://kinder.wdr.de/tv/wissen-macht-ah/bibliothek/kuriosah/luft/bibliothek-wie-entsteht-wind-100.html; https://klexikon.zum.de/wiki/Wind

WINDGEDICHTE – POEMS TO THE SKY

Beispielsammlung für die Erarbeitung von Kurzimprovisationen auf der Basis von Beschreibung, Erzählung und Gedichten. Die Beispiele sind auch als Klangsequenzen / Klangmotive für längere Kompositionen / Improvisationen / Klangdichtungen verwendbar.

Gedichte

- **Klangliche Umsetzung von Haikus und / oder anderen Gedichtformen**
  - Dichten oder recherchieren von Haikus, haikuesken oder anderen Gedichtformen, die Windszenen darstellen und diese klanglich bearbeiten

  ### Beispiele
  - **Schmetterling**
    Flattern
    Gleiten
    Kreisen
    Fallen
    Von Blüte zu Blüte
    Graziler Tanz mit schwingender Luft

Schmetterling

Der Schmetterling ist durch das Vorstellungsbild des Schmetterlings gegeben und durch seine Bewegungsart Flattern – Gleiten – Kreisen – Fallen – von Blüte zu Blüte – graziler Tanz auf schwingender Luft.
Der Schmetterling besteht aus zwei zarten Flügeln und einem schmalen länglichen Körper zwischen den beiden Flügeln. Das Vorstellungsbild kann durch symmetrische Aufstellung zweier instrumental identer Spielgruppen gebildet werden, die sich Klanglich mehr oder weniger ident verhalten.

Flattern bezeichnet eine äußerst schnelle Aufwärts- und Abwärtsbewegung der Flügel, die mal mehr mal weniger geordnet abläuft, also mit Dynamikschwankungen. Zu bedenken ist, dass die Flügelfläche von innen nach außen einen zunehmenden oder abnehmenden Winkel beschreibt, den es klanglich zu fassen gilt durch Abstufungen der Höhenlagen der instrumentalen Flächenformation.

Einüben in Flügelbewegung
Die Musiker zu beiden Seiten müssen sich in ihren Klangäußerungen spiegelsymmetrisch verhalten und jede Gruppe eine flächige Klangbewegung erzeugen und diese dynamisieren und wie es Schmetterlingen eigen ist auf die Räumliche Höhenlage in der Dynamik des Flatterns wechseln
Einspielung im Solospiel oder im Duo als Vorübung.

1. **Gleiten**

   Vom Flattern zum Gleiten. Das Gleiten kommt an sich bei Schmetterlingen selten vor, da ihre Flügel im Flug stets in Bewegung sind, also nur ein minutiöses Gleiten, das das Flattern unterbricht. Gleiten heißt im Klang einer weit gespannten Flächenbewegung verweilen, aber mit sanftem Höhenwechsel.

2. **Kreisen**

   Um die eigne Achse drehen oder um ein Objekt drehen, der Radius kann also unterschiedlich groß sein. Zirkuläre Bewegungen.
   Die Bläser können aufgrund der Verlängerung ihrer Instrumente auch eine motorische Bewegung der Instrumente ausführen und somit ein Kreiseln klanglich erzeugen.

3. **Fallen**

   Das Fallen ist schon ansatzweise Teil des Flatterns, muss also nur verstärkt werden, in dem aus einem Blasenden Luftstrom von einem Ton auf einen tieferliegenden fallend gewechselt wird. Mit kleinem Intervall wieder Höhe erreicht wird und in einem größeren Intervall der Ton wieder fällt.
   Das Ganze unisono ist eine besondere Herausforderung und braucht notierte Vorgaben oder einen Tonhöhen anzeigenden Spielleiter.

4. **Von Blüte zu Blüte**

   Beinhaltet vom Flattern in die Ruhephase mit äußerst sanfter Flügelbewegung mit kleinem und oder großem Winkel, also klanglicher Dichte der beiden Gruppen oder einer nahezu planen Flächenbewegung beider Gruppen mit sanfter Tonhöhenschwingung. Dann das plötzliche abheben mit Flattern und erneuter Ruhephase mit sanfter Flügelbewegung.

5. **Graziler Tanz mit schwingender Luft**

   Die oben angeführten Bewegungsmodi von Flattern – Gleiten – Kreisen – Fallen in eine sich abwechselnde Formation bringen und die schwingende Luft als Basis, die die Bewegung des Schmetterlings durch eine homogene Instrumentengruppe tragend und dynamisierend begleiten und hervorrufen.

- **Ballon**
  Ein leeres Tuch
  Daneben ein Korb
  Darüber ein Feuer
  Von der Seite der Wind
  Bläht zu vollem Volumen
  Befeuert
  ziehen Seile
  das Schwere
  leicht mit dem Wind

Ballon

Auch hier brauchen wird das Vorstellungsbild des Ballons, um die Größe des Tuches und die wirkenden Winde und Kräfte einschätzen zu können. Das Tuch, das eigentlich ein sackförmiges Gewebe ist, liegt ausgebreitet auf dem Boden und ist mit Bändern an dem Korb, der Menschen tragen kann, befestigt und der ebenfalls auf der Erde steht, aber aufgerichtet und von fester Gestalt. An dem Korb ist ein Instrumentarium befestigt, das sich über der Mitte des Korbes befindet und das, sobald die Winde wehen und die Verankerung gelöst wird, Flammen feuert und den Ballon zum Aufsteigen bringt.

1. **Ein leeres Tuch**

   Ein Stoff, der sich nicht bewegt, kann musikalisch oder klanglich nur von seiner Struktur her in Relation zu den anderen Stoffen und Gegenständen bestimmt werden. Um ihn aber näher charakterisieren zu können, braucht er auch motorische Elemente. Zum Beispiel ein leichter Luftzug, der das Tuch leicht bewegt oder bewegen könnte. Das Tuch liegt gegenüber dem Korb der steht. Es hat eine flexible Struktur und ist leicht bewegbar. Das Leichte und leicht bewegbare hat solange es auf der Erde liegt zwei Charaktere, da es solange es liegt auch Schwere hat und es hat Ausdehnung. Ausdehnung bedeutet eine gewisse Anzahl und Formation von Stimmen. Leicht und schwer zugleich sind zwei miteinander verwobene oder übereinanderliegende Stimmen. Die eine ist träge und mittelschwer, also eine mittellagige Instrumentenstimme und eine bewegliche höher liegende, vielleicht ist es auch eine Instrumentenstimme mit unterschiedlichen Höhenlagen. Die Klangfarbe sollte jedoch nicht zu tief und zu warm sein, da das Tuch, wenn es in der Luft ist, keine Schwere, dafür aber feste Form hat.

2. **Daneben ein Korb**

   Der Korb ist an sich unbeweglich, ein offener Hohlkörper und hat Schwere und zugleich Leichtigkeit, da er aus geflochtenem Peddigrohr oder Weidenmaterial besteht. Kann man einen Weidenkorb verklanglichen?
   Mittlere Bassstimmen stehen im Kreis, in einem zweiten Kreis innen oder außen sich an die Bassstimmen anschmiegende höherlagige Stimmen. Oder einfach zwischen zwei Höhenlagen interagierende mittlere Bassstimmen mit relativer Klangdichte.

3. **Darüber ein Feuer**

Ausgehend von dem Kreismodell für den Korb, in der Mitte eine Instrumentenstimme mit hellen, spitzen, drängenden Klängen, die sich immer wieder aufbauen, also mindestens drei Spieler für das Feuer.

4. **Von der Seite der Wind**

Es braucht einen Auftrieb, der durch eine relativ gemäßigte Windgeschwindigkeit zustande kommt. Das Heißt das Tempo sollte bei 6 bis 10 Km/h liegen, das ist schnelles gehen bis traben, also weniger schnell als Dauerlauf auf Bodennähe und bedeutet den Klangwellenrhythmus auf den Schrittrhythmus des schnellen Gehens bzw. Trabens anzupassen. Doch so beschwingt, dass

5. **Bläht zu vollem Volumen**

das Tuch volles Volumen erlangt und aufsteigt. Die Instrumentenstimmen des Tuches werden jetzt von den hohen Lagen dominiert und mit mehr und mehr Instrumenten verstärkt bis ein voller Klang ertönt, der zunehmend leichter wird – die Abstände der Spieler vergrößern sich zueinander oder hellere Stimmen klingen mit ein und halten ein stabiles Klangvolumen,

6. **Befeuert**

Das durch fokussierte und zentrierte aufsteigende dicht gesetzte Klangfolgen von signalhaftem Stimmeinsatz unterstützt wird.

7. **ziehen Seile**

ruckartig, gesteigerte Spannung zB. Mittels Klangsteigerung durch Tempus und Lautstärke

8. **das Schwere**

Der beschwingt schwere Klang des Korbes nimmt an Intensität zu und verliert zunehmend die Schwere und gleicht sich dem Klang des Ballons allmählich und schwindet aus dem Klangbild.

9. **leicht mit dem Wind**

Die Winde werden langsam schneller und lassen den Klang des Ballons stetig Schweben. Die Instrumentenstimmen der Winde und des Ballons gleichen sich einander an, nur ihre Dynamik bleibt unterschiedlich, bis nur noch die Winde zu hören sind. Das stetig Schwebende als ein stetiger Wechsel der Intensität des Klangvolumens, auch mit minutiösen Veränderungen der Lautstärke oder stetiger Veränderung der Instrumentenstimmen und oder changieren in kleinen Intervallen. Das Klangbild einer schwebenden Dynamik oder eines dynamisierten Schwebens erzeugen.

KLANGLICHE UMSETZUNG VON WINDPHÄNOMENEN

im Tages- und im Jahresverlauf mit unterschiedlichen Naturereignissen und Naturzusammenhängen, aus eigener Kenntnis oder Naturerfahrung

- ## Windgeschehen über Gräserfelder
  Gleichzeitigkeit unterschiedlicher Windschichten und paralleler Windorte mit dynamischem Wechsel der Schichten. Siehe dazu die Übung **wehende Gräserfelder**.
  - Der Wind, der die Gräser bewegt
  - Der Wind, der über die Felder als große Windbewegung geht
  - Der Wind, der die Kleider der Spaziergänger bewegt – meist nur in einer Richtung an denselben zerrt
  - Der Wind, der die Bäume bewegt
  - Der Wind, der die Wolken, nur sehr langsam bewegt

- ## Winde im Jahresverlauf

  - ### Frühlingswind
    - Frischer Wind
    - Frischer junger grüner Wind

    Spielweise
    - Verspielt mit vor allem hellen Klangfarbeninstrumenten, die einander umspielen und dynamisieren
    - Schneller Aufbau von Klangwellenfolgen, deren Intervalle sich zunehmend verringern, wieder erweitern, um sich erneut zu verringern. Dabei auch zunehmende Tonhöhenentwicklung, die in jedem neuen Aufbauzyklus eine tiefere Ausgangsbasis als die zuvor erreichte Tonhöhe annimmt.

  - ### Sommerwind
    - Lauer Sommerwind
    - Warmer Sommerwind

    Spielweise
    - Träger Verlauf der Klangwellenfolgen mit längeren bis langen Tondauern mit eher kleinen Intervallen. Aber auch räumliche Übereinanderlagerung der Instrumentenstimmen (von mittellagigen zu höheren Instrumentenstimmen) mit zunehmender Geschwindigkeit der Klangwellen in klangräumlicher Höhe
    - Zwischendrin auch helle Stimmen, die kurzzeitig tiefere Lagen dynamisieren

- **Herbstwinde**
  - Stürmische Winde, die die Blätter von den Bäumen reißen und das Laub aufwirbeln, die alles was beweglich ist hin und her zerren und durch die Lüfte wirbeln lassen
    <u>Spielweise:</u>
    - Ähnlich dem Frühlingswind verspielt, jedoch chaotischer, mit Capriolen, dynamischen Anläufen, Wirbeln (also zirkulären Klanggestalten und gegeneinander führende Klangverläufe unterschiedlicher Stimmen) Sprüngen, plötzlichen Stopps und erneutem Losstürmen.
    - Wechsel der Positionen und Ausrichtungen der Spieler zueinander
    - Eher mittellagige Instrumentenstimmen, aber auch Bassstimmen

- **Winterwinde**
  - Eiskalte stürmische Winde
  - Stille kalte Winde
    <u>Spielweise:</u>
    - Die Wahl der Instrumentenstimmen kann auf alle ausgeweitet werden, so aber dass die räumliche Lage der Instrumentenstimmen eher übereinander gelagert sind und kaum miteinander interagieren oder und soweit wie möglich hintereinander klanglich in Erscheinung treten, so dass die tieferen die höheren anzublasen scheinen
    - Schrille hohe Stimmen, mit zum Teil pfeifenden Klängen, die von mittellagigen angeblasen werden
    - Ein Bassostinato in unterschiedlichen dynamischen Stufen und Folgen mit eher kleinen Intervallfolgen
    - Die Dynamik changiert zwischen träge und schwer und eher gepresstem Ton.
    - Die übereinander gelagerten Stimmen können eine unterschiedliche Dynamik einnehmen. Zum Beispiel die mittellagigen eher in einem gemäßigten prosaischen Legato, frei von Druck. Die hohen Stimmen wiederum gepresst, pfeifend, spitz und scharf und zum Teil angeblasen von tieferen, voluminöseren Stimmen (Trompete, Posaune)

  - **ein Jahreszeiten Windverlauf:**
    Vom Frühling über Sommer, Herbst und Winter wieder zum Frühling
    - Nach dem Beispiel der einzelnen Jahreszeitenwinde
      <u>Hilfsmittel:</u> schriftlich oder bildnerisch eine Dramaturgie entwickeln mit Hilfe der unten und im Anhang angeführten meteorologisch beschriebenen Winderscheinungsformen

- **Tageswinde**

  - **Frischer Morgenwind**
    Spielweise:
    In Analogie zum Frühlingswind, jedoch weniger verspielt, eher andauernde Klangwellen mit wenig Alteration, eher kleine Intervalle, zum Teil schnell, dann wieder langsam, höhere mittellagige Stimmen

  - **Trockener / heißer Mittagswind**
    Spielweise:
    In Analogie zum Sommerwind.

  - **Stürmischer / kühler Abendwind**
    Spielweise:
    In Analogie zum Herbstwind. Höhere mittellagigen Instrumente. Weniger chaotisch, eher geschichtet, aber auch vermischt in schnellen Klangfolgen mit schnellem Wechsel der Intervallbreite, Sekunde / Terz / Quart / Quint. Zugleich ein eher höheres bis mittellagiges Ostinato von ein bis zwei Stimmen, das in gemäßigter Dynamik permanent zu hören ist, um den kühlen Abendwind präsent zu halten.

  - **Stiller / stürmischer Nachtwind**
    Spielweise:
    In Analogie zum Winterwind. Mehr Bassstimmen. Hohe Stimmen nur als Effekt, um das Pfeifen der Winde zu verklanglichen. Der stürmische Wind ähnlich dem stürmischen Abendwind. Ein Ostinato eher tiefer liegend im Wechsel oder Durchmischung mit mittellagigen Stimmen. Das Stürmische ein dynamisches gegenseitiges Anblasen von zwei bis drei Instrumentenstimmen, das durch Pfeifende Klänge dynamisiert und durchzogen wird.

  - **Tageszeitenwindverlauf (Beispiel)**

    Dynamischer Verlauf des Windes. Vor allem auch die Momente und Zeiten, in denen der Wind pausiert und sich Windruhe entfaltet, was ist dann zu hören oder zu fühlen? Und wie geht es wieder los? Wohin entwickelt es sich? Gibt es vielleicht einen bestimmten Ort als Schauplatz des Geschehens und was wird dort alles durch den Wind in Bewegung gesetzt? Welchen Widerständen und Hindernissen begegnet der Wind. Muss er durch enge Gassen und wird komprimiert und dabei sehr laut oder kann er über einen großen Platz wirbeln. Welche Wege geht er am Morgen, Wo verweilt er am Mittag oder stürmt er gerade und ist am Nachmittag ruhig und wieder frischer und dynamischer am Abend. Und später, wenn es abgekühlt ist, ist er dann still oder laut, dicht oder dünn?

Improvisationsspiele:

I. BREATHING MOUNTAINS

Eine Berglandschaft mäßig hoher, weich geschwungener Berge mit nackter rotbrauner Erde mit und ohne Vegetation.

Solo inter pares

Die Spieler verteilen sich im Raum oder auf einem Plateau in offener Landschaft. Jeder Spieler spielt einen Ton, den er in Dauer, Volumen, Lautstärke und Oktavwechsel an- und abschwellen lässt. Tonwechsel ist immer nur am Anfang eines Atemzyklus möglich. Ein Atemzyklus sollte mehrere Atemzüge andauern und erst bei Änderung der Tages- oder Jahreszeit erfolgen, die durch den Spielleiter, durch Abmachungen oder andere gleichzeitig ablaufende Spielprozesse eingeleitet werden.

Aufbauende Variante

Die Spieler gruppieren sich auf einem Plateau in offener Landschaft zu unterschiedlichen Instrumentalgruppen mit jeweils ähnlicher Klangfarbe. Innerhalb einer Gruppe werden nur tonleitereigene Töne gespielt. Jeder Spieler einer Gruppe wählt einen Ton. Wie in der Soloübung lässt der einzelne Spieler in möglichst homogener Weise mit den Spielern seiner Gruppe den einzelnen Ton in Dauer, Volumen, Lautstärke und schließlich im Oktavwechsel an- und abschwellen. Der Oktavwechsel sollte möglichst zugleich mit den Gruppenmitgliedern erfolgen, aber auch in Relation zu den anderen Gruppen.

Erweiterung der aufbauenden Variante

Gleichzeitigkeit von *Breathing Mountains* und *Klangwellenspiel* als Verklanglichung der Winde über atmenden Bergen

II. BREATHING MOUNTAINS - Die Majestät der Alpen

Reihen von verschiedenen Blasinstrumentalisten mit gleichen Instrumenten je Reihe sind hintereinander auf einer Ebene mit Rückwand oder Fels im Rücken oder auf einer stufigen Tribüne formiert. Die Reihenfolge der Reihen ergibt sich aus dem Grad des Klangvolumens der jeweiligen Instrumente. Die Reihe mit dem größten Klangvolumen steht hinten bzw. unten, die mit dem Kleinsten vorne bzw. oben, in den Reihen dazwischen abgestufte Klangvolumina. Falls eine natürliche höhengestaffelte Szenerie gegeben ist, wäre das der optimale Rahmen.

Das Spiel der einzelnen Bläserreihen wechselt wie der Atem. Die Reihenfolge kann zufällig sein, aber immer gleichzeitig innerhalb einer Reihe. Der Einsatz der Reihen zu einander variiert, kann gleichzeitig oder einzeln und versetzt sein. Der Rhythmus des Klanges folgt Analog zum Atemrhythmus im an- und Abschwellenden Rhythmus. Das zeitliche Intervall kann je nach Instrumentengruppe variieren.

Die Wahl der Klänge innerhalb einer Reihe kann vorher vereinbart werden oder durch einen Spieler initiiert werden, der von den anderen Spielern übernommen wird.
Im Laufe des Spieles pendelt sich der Atemrhythmus innerhalb jeder Reihe ein, womit ein Unisono erleichtert wird.

Die Wahl des Klanges innerhalb einer Reihe, hier verstanden als Art und Weise einen Ton zu spielen, kann die Wahl eines neuen Klanges in den anderen Reihen initiieren und damit einen neuen Klangcharakter der gesamten Spielgruppe erzeugen, wie zum Beispiel die Wahl eines neuen Tones in Relation zum vorherigen oder anderen gleichzeitig zu hörenden, kann eine bestimmte Stimmung erzeugen. Diese Stimmung kann von den anderen Spielern aufgenommen werden. Man kann zur Entwicklung des Stückes auch Töne verwenden, die für die Gruppe nach Absprache Signalcharakter haben und eine neue Klangentwicklung einleiten, damit kann zB die Veränderung der Wetterlage oder der Tageszeit gekennzeichnet werden. Auch der Wechsel des Atemrhythmus und der Atemdauer aller oder einzelner Reihen ist eine Strukturgebende Veränderungsmöglichkeit, die neue Klangmöglichkeiten und Weisen des Zusammenspiels eröffnet. Auch der Einsatz verschiedener Improvisationsmethoden (siehe Kapitel Methoden) hilft weiter.

Eine Spielvariante zum synchronen und versetzten Einsatz, ist der integrierende Einsatz der Instrumentenreihen. Die tiefste Instrumentenreihe beginnt, nach und nach setzen die anderen Reihen nach Höhenstaffelung der Instrumente ein und schwellen in umgekehrter oder verdichteter Reihenfolge wieder ab, so dass die tiefste Instrumenten Reihe eine Art Ostinato bildet, die von Anfang bis Ende des Atemrhythmus zu hören ist.

SPIEL MIT KLANGWELLEN FÜR ALLE ENSEMBLEGRÖßEN

Die Klangwelle eine Definition

Eine Klangwelle beruht auf dem Grundbaustein jedes Tones, der Sinuskurve. Die kleinste Klangwelle ist demnach der einzelne Ton, wenn man die Schwingungsqualität desselben hörbar machen kann. Grundbaustein der vorliegenden Spielanweisung ist die Klangwelle, die aus der Wiederholung von mindestens zwei Tönen besteht.

Die Klangfigur der Klangwelle dient hier als dynamisches klangbildendes Element, das als Gestaltungsform für die Windbewegung genutzt werden kann.

Übung A Improvisationsübung zur Harmonisierung des Gruppenklangs
(nach einer Übung für Chöre von Peter-Michael Riehm, in: ders., Der beseelte Klang, Edition Zwischentöne, 2007)

1) **Gesamtes Ensemble verteilt sich mit großen Abständen zueinander in einem möglichst großen Raum oder Freiluftareal**

   e) Jeder Spieler spielt je einen beliebigen Ton

   f) Die Spieler bewegen sich spielend von der Peripherie ins Zentrum des Raumes. Mit jedem Schritt stimmen sich die Spieler aufeinander ein, in:

      (1) Lautstärke
      (2) Intervallverhältnissen
      (3) Spielweise

   g) Umkehren der Bewegung, vom Zentrum zur Peripherie, von der Gemeinschaft zum Individuum, von der Harmonie zur Disharmonie oder komplexen Harmonie bzw. Polyphonie.

   h) Die Bewegung von außen nach innen und von innen nach außen solange fortsetzen, bis ein für alle akzeptabler Tuttiklang im Zentrum erreicht ist.

   i) Auf der Basis des harmonischen Tutti, Improvisationen einzelner und auch mehrerer mit aufeinander bezogener Spielweise zulassen, dabei kann sich auch nach und nach die Harmonie des Gesamtklanges verändern.

SPIEL MIT KLANGWELLEN FÜR ALLE ENSEMBLEGRÖßEN

Übung B Klangwellen erzeugen

A) Vorbereitende Übung für den Einzelspieler

a) Klangwellen erzeugen mit 2 Tönen

(1) Intervallwechsel

a) jede Klangwelle eines gewählten Intervalls einige Zeit beibehalten und im Modus wechseln, jeden Ton, jeden Modus, jeden Tonwechsel auskosten,
dann auf neues Intervall wechseln,
die Intervalle langsam größer werden lassen,
von kleinen Intervallen zu Größeren.
   1. Wechsel der Tondauer einbeziehen
   2. Wechsel der Lautstärke
   3. Wechsel der Bindungsqualität zwischen den Tönen
   4. Wechsel in der Tonqualität in Abhängigkeit von Dauer / Lautstärke und Bindungsqualität

b) In einem zweiten Schritt: zwei aufeinander folgende Intervallbeziehungen im Wechsel nacheinander spielen. Ein weiteres Intervall hinzunehmen und ein voriges lassen. So weiter verfahren.
Variationen in Tondauer, Lautstärke, Bindungsqualität, Tonqualität wie oben

b) Klangwellen mit 3 (4 und 5) Tönen nach obigen Vorbild

(b) Wechsel von unterschiedlich dichten Klangwellen

(unterschiedliche Größe der Intervalle) mit unterschiedlichen Tonmengen einbeziehen

(c) Klarheit und Entscheidung für Auswahl der Töne und Intervalle.

   a) Tonleiter abhängig,
   b) Auswahl der Tonleiter
      1. Tonal
      2. Kirchentonleiter
   c) Pentatonik
   d) 12Tontechnik
   e) Andere Auswahl

(d) Allgemeine Regeln

   a) vom Einfachen zum Komplexen
   b) Das Einfache ausreizen, erst dann zum nächsten wechseln

SPIEL MIT KLANGWELLEN FÜR ALLE ENSEMBLEGRÖßEN
b) Spiel mit 2 Spielern nach obigen Vorbild

e) Interims einbauen

(1) Freispiel zulassen innerhalb der bereits erprobten Sequenzen
(2) Freispiel als Inspiration

f) Spiel mit Tonklangwellen als Mittel für die Gestaltveränderung des Klangstroms ab zwei Spielern, wirkungsvoll für mehrere Spieler

(1) Enger oder dichter Klangstrom.
   D.h.: möglichst kleine Intervalle

(2) Weiter Klangstrom
   (a) Große und größer werdende Intervalle

(3) Einander überkreuzende Klangströme
   (a) Ungleiche Intervallwahl der Spieler
   (b) Parallele oder versetzte Spielweise

(4) Um einander drehende oder windende Klangwellen
   (a) versetzt wechselnde Intervallführung von aufeinanderfolgenden Intervallschritten, stetig wiederholendes Zirkulieren der versetzt wechselnden Intervalle,

   a) Dynamisierung durch:
      1. aufsteigende und schneller werdende Tonfolgen zur nächsten Klangwelle, die neuen Klangwellenverlauf einleitet, auch hier versetzter Einsatz der Spieler
      2. kontinuierlichen Tempowechsel
      3. ansteigende Größe der Klangwellenintervalle mit zunehmender Schnelligkeit des Klangwellenwechsels
      4. Wechsel der Schnelligkeit der Spieler

(5) Parallel Versetzte Klangwellen ähnlich einem Wellengang
   (a) Versetzte Einsätze der Spieler (wie beim Kanon)
   (b) Auch mit um einander drehenden oder windenden Klangwellen wie in der Vorübung

   a) Dynamisierung wie Vorübung und durch:
      1. versetztes schneller werden und überholen des anderen Spielers, auch mit Wechsel der Tonhöhen, so dass ein unter- und übergreifen der Wellenbewegung hörbar wird
      2. unregelmäßigen Tempuswechsel beider Spieler
      3. auf- bzw. absteigende Tonfolgen zur nächsten Klangwellenbewegung

SPIEL MIT KLANGWELLEN FÜR ALLE ENSEMBLEGRÖßEN

C) **Spiel in Kleingruppen (3 und 4 Spieler) nach obigen Vorbild**

g) mündliche Absprachen bezüglich Vorgehensweise

h) Interims einbauen
  (1) Freispiel zulassen zwischen den bereits erprobten Sequenzen

i) Gestaltwechsel der Klangströme, wie unter 2 Spielern beschrieben

j) Erarbeitung einer konzertanten Form mit Hilfe von

  (1) Dichtung und oder Visualisierung einer umfassenden Winddynamik

    (a) Einzelwinde
    (b) Einzelwinde, die sich zu großen Windbewegungen formieren
    (c) Windböen
    (d) Sturm
    (e) Windstille
    (f) Andere Windformen

SPIEL MIT KLANGWELLEN FÜR ALLE ENSEMBLEGRÖßEN

SPIEL MIT KLANGWELLEN FÜR ALLE ENSEMBLEGRÖßEN

D) **Spiel mit größeren Gruppen erproben**

a) Mehr Raum zulassen

b) Vereinbarungen treffen über Spielverlauf

   (2) Cues (fixe Zeichen) vereinbaren

   (a) Optional, bei anfänglicher Unsicherheit
   (b) Zur Dynamisierung bzw. Verlangsamung des Spielverlaufs
   (c) Zur Homogenisierung bzw. Diversifizierung des Klangverlaufs
   (d) Für den Einsatz bestimmter Tonmodi
   (e) Für Höher- oder Tieferentwicklung der Spielsequenz
   (f) andere

c) Spielleiter

d) Interims für Freispiel mit Spielrahmen

   einbauen oder zulassen

e) Die Gruppe in der Gruppe

   (1) Einzelne Gruppen spielen bestimmte Klangwellenmodi
   (2) Übergänge von Kleingruppenspiel zu Gesamtgruppenspiel erproben

   (a) zB: Intervalle schrittweise vergrößern oder verkleinern

   (b) Auch die Gesamtgruppe herausfordern, damit diese ihren Kurs wechselt

   (c) Einsatz von spezifischen Instrumenten / Instrumentengruppen, um zu dynamisieren oder eine Teilgruppenbewegung einzuleiten

f) Hilfsmittel für ein Klangwellenspiel für große Gruppe mit spezifischen Verlauf

   (1) Dichtung
   (a) Schriftliche Beschreibung mit Aktionsverlauf
   (2) Verbildlichung durch Grafik
   (a) Grafische Notation

g) Erarbeitung einer konzertanten Form
   auch mit Ensemble fremden Instrumenten

   (1) Dichtung und oder Visualisierung einer umfassenden Winddynamik
   (a) wie unter **Übungsteil C)**

IV. KLANGWELLEN MIT MELODIEFRAGMENTEN FÜR GROßE ENSEMBLE

1) Mit Hilfe von Melodiefragmenten eine wellenartige Bewegung induzieren durch

   a) versetztes wiederholen unterschiedlicher Stimmen / Instrumente
      i) auch mit Variation der Fragmente arbeiten als Folgestufe reiner Wiederholung

   b) aufeinander bezogene Spielweise zum Beispiel in gleicher Stimmlage, gleiche Intervalle innerhalb räumlich nah positionierter Instrumentalgruppen mit verschiedenen Instrumentenstimmen oder innerhalb Gruppen gleicher bzw. verwandter Instrumentenstimmen innerhalb des gesamten Ensembles

   c) jede Kleingruppe ist innerhalb aufeinander bezogen, reagiert und setzt Impulse in Bezug auf Klangbewegung benachbarter Gruppen und der Gesamtbewegung, aber Gleichgewicht zwischen Klangverlauf innerhalb der einzelnen Gruppen und benachbarter Gruppen

   d) Hilfreich: Aufbauende Übungen: Vom Kleingruppenspiel zum Spiel mit mehreren Gruppen gleichzeitig

   e) Arbeit mit Farbsymbolen, zb. Eine Abfolge von Farben kann die Abfolge bzw. den Wechsel in eine andere Tonleiter kennzeichnen, die für eine einzelne Gruppe im Ensemble oder für das ganze Ensemble gilt. Die Idee ist, dass unterschiedliche Instrumentalisten als jeweils definierte Gruppe zusammenstehen, für die ein bestimmtes Spielverhalten gilt. Eine visuelle Projektion kann durch Farben oder Symbole einen Spielauftrag an die verschiedenen Spielgruppen anzeigen, die sich im Laufe des Spieles verändern. Auch der Wechsel einzelner Spieler in andere Gruppen kann ein Spielauftrag sein oder das temporäre Auflösen von Gruppen und ihre Neuformierung in andere Besetzungen.

IV. KLANGWELLEN MIT MELODIEFRAGMENTEN

V. Die Klangwelle als Raumklangwellenbewegung

A. Ordnung des Orchesters nach Klangfarben und Instrumentengruppen

B. Die Raumordnung kann nach Spielerfahrung wechseln

- Alle spielen dieselben Klangwellenfolgen mit gleicher bzw. entsprechender Tonlage
    - **Vorbereitung der zu spielenden Klangwellenfolgen durch Ensembleleiter**
    - Beim Spiel Klarheit gewinnen über die jeweilige klangliche Raumhöhe einer Instrumentengruppe in Relation zu den anderen Instrumentengruppen

- Transponieren der Klangwellenfolgen in unterschiedlichen Tonhöhenlagen pro Instrumentengruppe, so dass ein Gleiten der Tonhöhenlagen der unterschiedlichen Instrumentengruppen erzeugt wird.
    - **Abfolge des Transponierens im Vorhinein festlegen**
    - **Mögliches Erproben der Abfolge und weiterer Ausdifferenzierung wie unten angeführt durch Experimentieren in Kleingruppen mit je einem Instrument einer Instrumentengruppe. Aufnahme und Notation für größeres Ensemble**

- Jede Instrumentengruppe spielt innerhalb ihrer Gruppe dieselbe Tonhöhe.

- Durch stetigen Wechsel der Tonhöhenlagen aller Instrumentengruppen wird eine shiftende vertikale und räumliche Wellenbewegung erzeugt, die mal enger, mal weiter auseinanderführt.
    - Die Instrumentengruppe, die von Ihrer Klangfarbe und Stimmung höher liegt, kann durch eine andere Instrumentengruppe, die höher spielt in eine tiefere Raumhöhe versetzt werden, so auch durch Tonhöhenwechsel bei den anderen Instrumentengruppen

- Wechsel der Tempi und Tondauern einheitlich, uneinheitlich, versetzt

- Wechsel der Klangwellenfolgen einheitlich, uneinheitlich, versetzt, jedoch unisono innerhalb einer Instrumentengruppe

Vorbereitung für Ensemblespiel in Kleingruppen mit je einem Instrument einer Instrumentengruppe. Dies bietet die
- Möglichkeit zu experimentieren
- Möglichkeit eine Komposition auf Grundlage einer strukturgebenden Notation, des Spieles selbst oder einer Audioaufnahme zu erstellen

VI. WEHENDE GRÄSERFELDER

Das Innenohr als Wirkungsfeld. Die Gräser so bewegen, als bewege man die Hörzellen des Innenohres, die mit ihren Haarfortsätzen die Schallinformationen ans Nervensystem weiterleiten.

a) In Kleingruppen erarbeiten

i) Elemente
(1) Gräser, die sich im Wind wiegen
   (a) Zusammen eine größere Windwellenbewegung erzeugen
(2) Wind, der die Gräser bewegt
(3) Wind, der über dem Feld weht

ii) Dynamisierung der Elemente

b) Erarbeitungshilfen

i) Gruppendynamische Übung
(1) Als Gruppe beieinanderstehen und sich vom Wind – sensitiven Bewegungsimpulsen innerhalb der Gruppe - bewegen lassen
   (a) Bewegungsimpulse wahrnehmen und mitschwingen
   (b) Bewegungsimpulse aus dem Schwingen herauszulassen
      (i) Bewegung mit der Gesangsstimme begleiten
      (ii) Bewegung mit dem Instrument spielend begleiten

         1. begrenzen auf einen Ton

ii) Klangübungen

(1) Klarheit über Vorstellungsbild der Gräser und des Gräserfeldes

   (a) Miteinander besprechen

(2) Einen Ton schwingen lassen (in Analogie zu Gräsern)

   (a) Als Einzelübung

   (b) Als formierte Gruppenübung (zb. 4 x 4 Reihen hintereinander)

      (i) Von links nach rechts
      (ii) Von rechts nach links
      (iii) Vor - zurück
      (iv) Hin und her
      (v) Dynamischer Wechsel der Richtungen

(3) Richtungsänderung durch zwei aufeinanderfolgende Töne spielen

   (a) Als Einzelübung
   (b) als formierte Gruppenübung

(4) Dominoeffekt – der Wind, der durch das Feld fegt und die Gräser nacheinander beugt

   (a) *Tonkaskaden über eine Gruppe von Spielern hinweg. Wobei der hinterste Spieler den Anfang der Tonfolge Vorgibt und durch Ansatz den Windimpuls betont*

      (i) Aufstellung der Spieler in einer Reihe
      (ii) In Zweierreihen

(iii) auch mehr Reihen nebeneinander
(iv) andere Formationen

(b) *Innere Bewegung der Tonkaskade*

 (i) *Die Tonkaskaden können innerhalb der Formation einen neuen Richtungsimpuls erhalten, meist jedoch von den Spielern, die an den Seiten der Formation stehen*

(c) *Stetig aufeinanderfolgende Tonkaskaden*

 (i) So wenig wie möglich melodisch denken, eher seriell und mit Klangfarben denken und spielen
 (ii) Mit der Aufstellung der Instrumente experimentieren.
  1. Welche Reihenfolge der Instrumente?
   a. In jeder Reihe gleich oder verschieden?
 (iii) Bewegungsimpulse übertragen wie Stille-Post-Prinzip: was man gehört oder verstanden hat, wiedergeben
 (iv) Innere Bewegung der Tonkaskade als innere Bewegung des Windes beibehalten

VII. STERNENHIMMEL FÜR GROßES ORCHESTER

1) Wechselspiel von <u>Erscheinen und Schwinden</u> von einzelnen Klängen und Klangfiguren

   a) Wechselnde Einzelklänge der gesamten Tonskala und instrumentalen Klangskala

   b) Musiker mit verschiedenen Instrumenten stehen frei verteilt abends auf freiem Areal und spielen räumlich durchmischt wie das Funkeln der Sterne am Nachthimmel

      i) Mögliche Reihenfolge nach dem Vorbild des theaterpädagogischen Improvisationsspiels des freien Abzählens
         (a) Ein Teilnehmer beginnt zu spielen, ein anderer setzt an, der erste hört auf, ein dritter beginnt, der zweite beendet, der dritte spielt aus, der vierte fängt an, und so weiter. Herausforderung ist, dass immer nur ein Spieler neu ansetzt. Die Toleranz für gleichzeitigen Beginn mehrerer Spieler eröffnet jedoch Variabilität und Spannungsreichtum, daher willkommen, **aber** das Aufleuchten eines Sternes oder einer Sternengruppe soll gehört werden!
         (i) Klänge ohne direkten Bezug aufeinander zu nehmen
         (ii) Klangfolge von einem Musiker zum Nächsten durch
            1. Call –Response
            2. Führen – Folgen
            3. Input - Interaktion

      ii) Jeder spielt eine Weise oder Improvisation zB aus der Themenliste für Gedichte für den Himmel

2) Die **Milchstraße**, gleichzeitiges *Funkeln* aller Instrumente

   a) Erscheinen und Schwinden ohne Verschwinden einzelner Klänge aller Instrumente zugleich
      i) Variabilität in Dauer, Lautstärke, Höhe / Tiefe / Ansatz / Technik von Erscheinen und Schwinden
      ii) klangliches Verhalten in energetischer Relation zu einander
         (1) wird einer lauter / leiser / höher / tiefer / schneller / langsamer / etc. werden umliegende leiser / lauter / höher / tiefer / schneller / langsamer / etc.

VIII. Klangbewegungen in den Bergen (Szenisch)
Spiel mit unterschiedlicher Aufstellung der Musiker, auch mehrerer Ensemble über eine größere Berglandschaft hinweg

a) Verteilung der Spieler, Kleingruppen oder Gruppen über großes Areal

    i) <u>Einander von Ferne hören und spielend aufeinander Bezug nehmen</u>

        (1) Freie Wahl der Klang- und Melodiebeiträge

           (a) An Ort und Stelle oder in Vorarbeit Klangsequenzen erfinden <u>Siehe</u> Improvisationsübungen

           (b) Kanon über Berge hinweg
              (i) Alle spielen einen Kanon, wenn möglich in gleicher Stimmlage in mittlerem, eher getragenem Tempo
              (ii) Nach und nach lösen sich die einzelnen Instrumente von der gemeinsamen Klangbewegung und folgen einer eigenen Stimmlage und eigenem Tempo mit relativer Konsonanz zu den anderen Instrumenten

        (2) Thematische und oder motivische Wahl

           (a) Themenliste
           (b) mittels Klangwellen
           (c) Vorstellungsbildern
              (i) Sounding Winds poetisch
              (ii) Sounding Winds meteorologisch
              (iii) Breathing Mountains
                a. „atmend" Kommunizierende Berge über langsame Melodie- oder Klangbewegungen verschiedener Ensemble oder Oktavatmung (siehe Breathing Mountains

        (3) Inszenierung einer Windbewegung mit unterschiedlichen Instrumenten und Aufstellungen

           (a) mit vorheriger Erprobung und Besprechung der Vorgehensweise

           (b) Winddynamik im improvisierenden Spiel entwickeln auch mit Hilfe von visuellen Darstellungen von Windbewegungen (Hilfsmittel: tabellarische Aufstellung der meteorologischen Winde
              (i) Einigen auf klangliche Elemente und oder Melodiefragmente

IX. SPIEL MIT WINDFORMATIONEN

als Anleitungen für Komposition und Improvisation von musikalisch performativen Spielen

A. HOCH- / TIEFDRUCKGEBIET

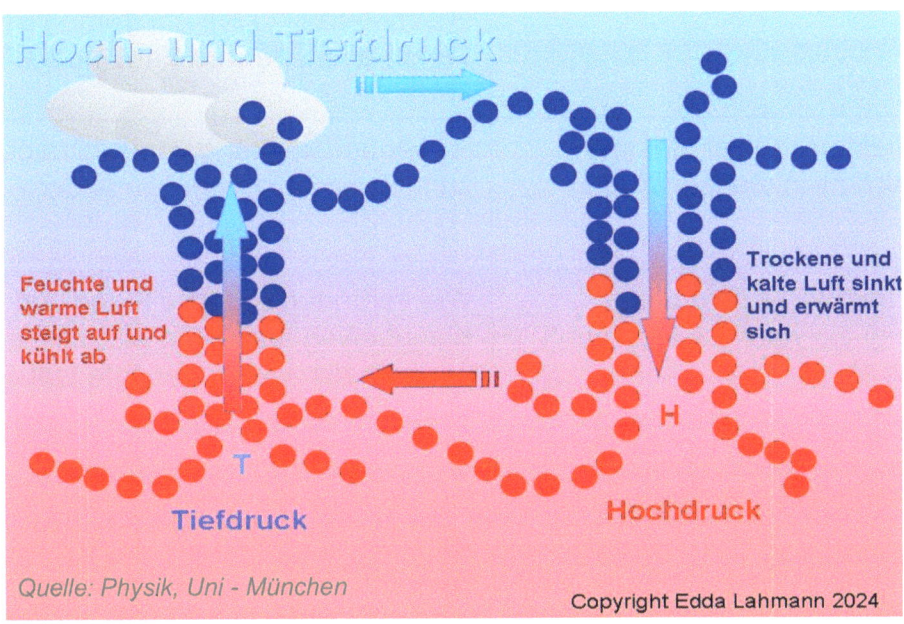

Spielanleitung

Zwei Spielgruppen bewegen sich um zwei Mittelpunkte, dem Bodentiefdruckgebiet im Gegenuhrzeigersinn und dem Bodenhochdruckgebiet im Uhrzeigersinn. Eher warme und tiefere Klänge / Instrumentenstimmen wandern vom Bodenhochdruckgebiet zum Bodentiefdruckgebiet und in mäßiger Geschwindigkeit klanglich wie auch motorisch. Über dem Bodentief wird die Luft aufgrund der Erwärmung durch die Erde leichter und steigt auf. Klanglich heller, höher und dynamischer aber mit relativer Feuchte, d.h. klanglich Holzbläser. Mit zunehmender Höhe der Luft kühlt dieselbe ab. Klanglicher Wechsel zu Blechbläsern mit verminderter Dynamik, gleichzeitig Wolkenbildung, also klangliche Schwere von oben mit tiefen Stimmen, deren Klang kontinuierlich mit leichter Abwärtsbewegung nach unten drückt, anschwillt und sich nach unten hin ergießt (Regen), klanglich als schnelle sich immer wieder aufbauende Abwärtsbewegung, im Wechsel von stokkato und fließen. Die abgekühlte Luft weicht horizontal nach rechts und links ab in mäßiger Geschwindigkeit. Mittellagige Blechbläserstimmen in horizontaler Klangbewegung schwingend und wandern wieder zum Hochdruckgebiet ab und strömen im Uhrzeigersinn ein. Die Luft sinkt zunächst träge, klanglich in zirkulierender Abwärtsbewegung, dann zunehmend schneller und tiefer, da trockene Luft - eher kurze und schnelle Klangfolgen. Übergang zu Holzbläsern durch Erwärmung in Bodennähe und zunehmende Dynamik. Wiederum Ablenken der Luftströmung nach links bzw. rechts und horizontal beschwingte Klangbewegung zum Bodentief. Es sollten so viele Spieler vorhanden sein, dass beide Zentren stabil sind, trotz abwandern. Also pro Gruppe mindestens sechzehn Musiker so dass immer vier Spieler pro Gruppe abwandern.

Hoch-/ Tiefdruckgebiet

Thermodynamische Bewegung	Klangliche Umsetzung
Warme Luft strömt im Uhrzeigersinn aus dem Zentrum des Bodenhochdruckgebietes	Wie hört sich warme Luft an, die unter Hohem Druck bewegt ist und sich Erdnah befindet, also von der Erde die Wärme erhält? Das Abströmen ist ein Windmotiv. Wie wird Wind hörbar?
zum Bodentiefdruckgebiet, dessen warme Luftströme in Gegenrichtung zuströmen	Bewegungsrichtung vom Uhrzeigersinn zum Gegenuhrzeigersinn ändern.
Im Zentrum des Bodentiefdruck-gebietes steigt die warme feuchte Luft auf und kühlt ab	Wie verändert sich der Klang und die Klangbewegung, wenn er aufsteigt? Und wie hört sich warme feuchte Luft an?
Wolken bilden sich, es regnet	Wie bilden sich klanglich Wolken? Und wie hört sich Regen mittels Blasinstrumenten an?
Die aufgestiegene kalte Luft strömt in der Höhe in Gegenuhrzeigersinn ab	Durch das Abströmen im Gegenuhrzeigersinn wird erst ein Windmotiv hörbar, also lauter, dynamischer und melodischer.
Und strömt in Uhrzeigersinn in das Zentrum des Bodenhochdruckgebietes ein	Zwei Klangbewegungen treffen aufeinander. Der zuströmende Klang und der sich senkende Klang.
Trockene und kalte Luft sinkt ab und erwärmt sich	Wie hört sich trockene und kalte Luft an die absinkt?

B. Föhn

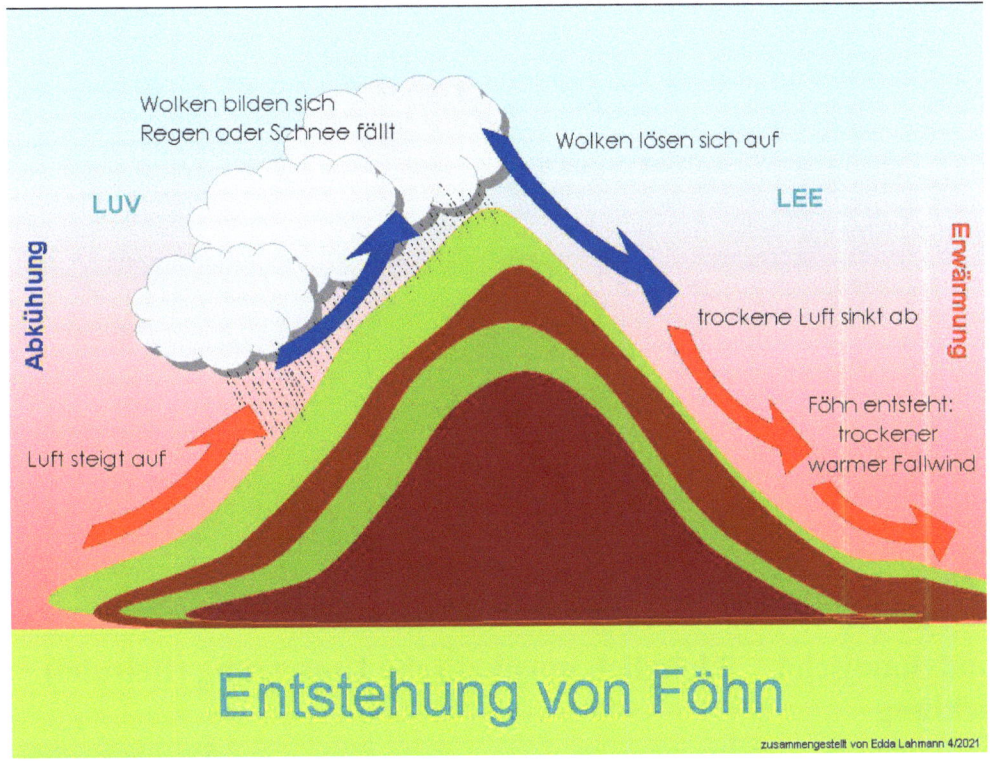

	Thermodynamische Entwicklung	Klanglich musikalische Umsetzung (Beispiel)
Luv	Erwärmung	Dynamisieren, heller und höher werden
	Warme Luft steigt auf	In Etappen steigernd dynamisieren Schneller / heller / höher Einander überholen / Aufsteigend aufwirbelnd
	Wolken bilden sich in der Höhe	Schwer über beschwingt / Klangverdichtung Schwerer / dunkler / tiefer / Bedrohlich umeinander zirkulieren / Klimax bilden
	Es regnet oder schneit	Entspannung der Schwere durch schnelle eher fallende Abwärtsbewegungen Parallele Fallbewegungen durch eine Instrumentengruppe / Gleichzeitigkeit von Schwere (Wolken) und Erleichterung (Regen)
Lee	Abkühlung	Verlangsamung heller werden / Legato
	Wolken lösen sich auf	Verlangsamung / heller werden / Legato / Klarheit / Exposition einzelner Instrumente mit klarer Melodie- oder Klangführung, die von anderen Instrumenten aufgenommen und weiter geführt werden kann
	Trockene Luft sinkt ab	Leiser werden / sparsamer
	Föhn entsteht: Trockener, warmer Fallwind	Wieder dynamisieren ohne zu verdichten Heiter / verspielt

C. WINDHOSE

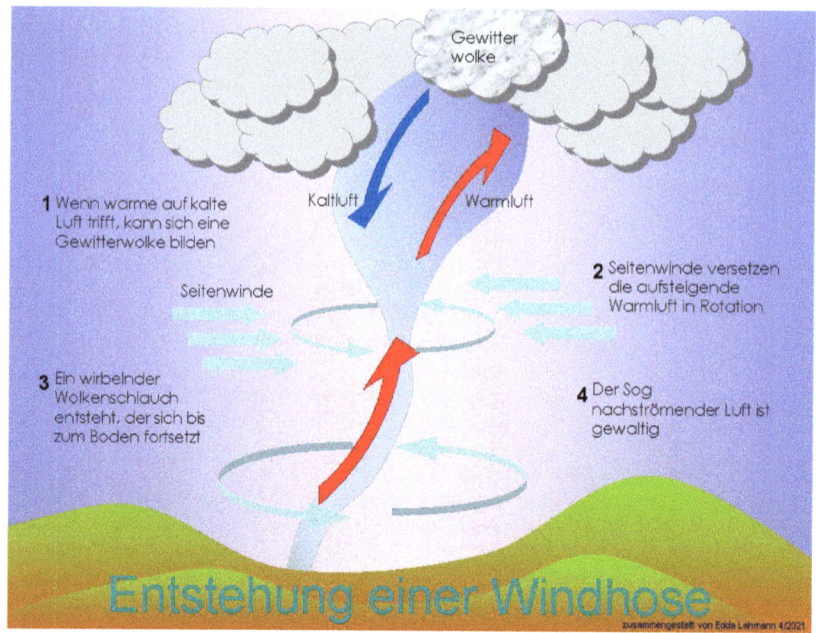

Entstehung einer Windhose

thermodynamische Entwicklung	klanglich musikalische Umsetzung (Beispiel)
warme trifft auf kalte Luft, eine Gewitterwolke bildet sich	Warme Luft – aufsteigend / dynamisch – Klangfolgen finden, die einander ähneln und leicht moduliert werden können, so dass eine Aufwärtsbewegung gleicher oder ähnlicher Klangfolgen erkennbar wird. Instrumente mit warmer Klangfarbe. Oder erreicht man mit einem hohen Instrument, das schnelle Klangabfolgen ermöglicht eine bessere Wahl? Kalte Luft – absteigend / schwer / dicht – konträre Klangfolgen zu der der warmen Luft. Instrumentenwahl. Welche Klangfarben sind eher kühl gegenüber warmen, auch hier ist zu bedenken wie das musikalisch klangliche Pendant zu kühler und kalter Luft gegenüber warmer akustisch hervorgerufen werden kann. Warme und Kalte Klangfolgen als zwei gegeneinander ziehende konträre Klangbewegungen spielen. Gewitterwolke – beherrscht durch Aufwinde - also Verdichtung aufsteigender dynamischer Klangfolgen der warmen Luft, aber verschieden vom Gegeneinander warmer und kalter Luft. Andere Instrumente oder Instrumente, die sich aus dem Gegeneinander ablösen um die Gewitterwolke „oberhalb" desselben zu bilden.
Seitenwinde versetzen die aufsteigende Warmluft in Rotation	Seitenwinde – horizontale, also melodiöse oder schneller werdende minimal alterierende Klangbewegung, die Rotation, also sich wiederholende Klangfolgen, der aufsteigend dynamischen Klangfolgen der warmen Luft verursacht, auch schneller werdende Folge aufwärts höhenversetzter Klangfolgen der warmen Luft
Ein wirbelnder Wolkenschlauch entsteht, der sich bis zum Boden fortsetzt	Wolkenschlauch - Zunahme der Instrumente für die rotierende Aufwärtsbewegung, so dass sie einen rotierenden Klangraum erzeugt, der von unten nach oben immer wieder neu gespeist wird, d.h. die schneller werdende Klangbewegung baut sich von unten

	nach oben auf, von tief zu hoch – Verteilung der Instrumente in vertikale Klangzonen (der Tonhöhe nach), die tiefsten unten, die höchsten oben im steten Zirkulieren derselben, versetzten oder verkürzten Klangfolge der warmen Luft. Jedoch spielt jedes Instrument die ihm eigene Höhe aus, so dass jedes Instrument nach oben hin schneller wird. Auch hohe Instrumente beginnen die Klangfolge langsam und werden zunehmend schneller. Alle setzen langsam wieder an und beginnen erneut beschleunigend aufzusteigen.
Der Sog nachströmender Luft kann schwere Schäden verursachen	Sog – Klänge, die tief beginnen und über ein oder mehr Oktavsprünge mit einem Blasansatz nach oben getrieben werden, also zB vom C über C' zum C'' ohne den Luftstrom abzusetzen oder die einzelnen Noten extra zu betonen, so dass eine Art Pfeifen aber mit großem Klangvolumen hörbar wird. Schäden (optional) – chaotische perkussiv klingende Klänge oder sich frei durch die Luft bewegende Klangfolgen, die wenig bis gar keine Ordnung haben und unsanft abbrechen. Das Losbrechen, Steigern und Nachlassen dieser Klänge könnte auch das Ende des Wirbelsturms einleiten.

D. PAZIFIKZIRKULATION

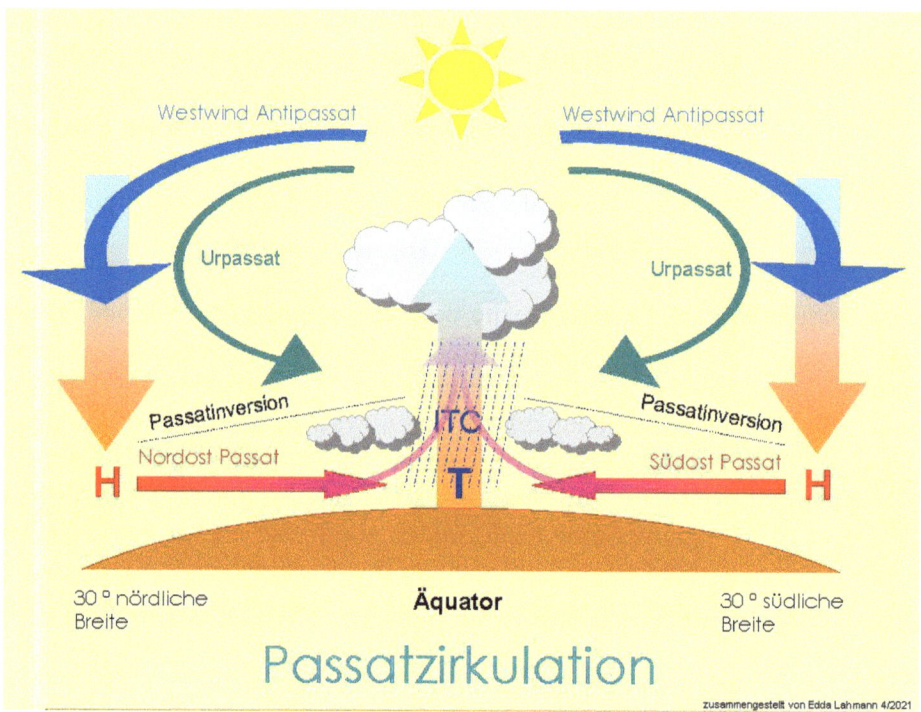

Passatzirkulation

zusammengestellt von Edda Lahmann 4/2021

Beispiel für ein szenisches oder performatives Spiel

mögliche Aufstellung der Spieler gemäß der Zeichnung des des Passats

Passat-zirkulation	Thermodynamische Entwicklung	Klanglich musikalische Umsetzung (Beispiel)
Sonne im Zenit	Erwärmung der Erde und der Luft am Äquator	Sonnenstahlen - Durchdringend und drängende, auch spitze oder klare Klänge; Mobilisieren und dynamisieren, von trägen und eher längeren Klang- und Melodieeinheiten zu kürzeren fragmentieren; von tiefer Stimmlage zu hoher, von eher dunklem Klang zu hellen, von langsamer zu schneller Ton- und Klangbewegung
ITC	Luft verliert an Dichte und steigt auf	Dynamisieren möglichst kleiner Klangelemente oder Melodiefragmente, auch durch Triolen, Tendenz höher, heller, schneller, Intervallsprünge, Wahl der Instrumente, eher Flöten; zugleich auch Druck durch Volumeninstrumente von unten nach oben für die Wärme, die von der Erde ausstrahlt. Siehe auch die Aufstellungsbilder zu Hoch- und Tiefdruckströmungen, die hier ihre Anwendung finden können.
	Über dem Erdboden, entlang der ITC entsteht eine Tiefdruckrinne	Die dynamisierende Bewegung aufsteigender Klänge ist permanent (über dem Äquator) wodurch sich an der Erde wiederum eine weniger Dichte Luftkonstellation ergibt, aber durch nachströmende Luft von Nordost- und Südostpassat der Zyklus der Erwärmung und des

		Aufsteigens konstant bleibt. Für das Nachströmen und die zirkuläre Bewegung des Passats ist auch das Torusmodell anwendbar.
	Durch vertikalen Luftstrom der erwärmten Luft herrscht vorwiegend Windstille in der ITC	Keine melodiöse oder andere Horizontale Klangbewegung, die der aufsteigenden Klangbewegung entgegengesetzt ist
	Aufsteigende Luft kühlt ab	Oberhalb der dynamisierenden Klangzone Verlangsamung
	Wasser kondensiert - Wolkenbildung	Extrem träge Dynamik, zusammenballender, dichte träge Klangbewegung, eher schwer, zb warmtönende Holzbläser. Verdichtung derselben zu einer einheitlichen orts- / raumbezogenen Klangbewegung
	Heftige Gewittergüsse	Schnelle abwärts führende Klangbewegungen mit stark wechselnden Intensitäten und Lautstärken, Echoeffekte. ZB: Querflöten unterstützt von Percussion
	Erwärmung steigert sich oberhalb	Aufwärtsstrebende Dynamisierung, Zb Querflöten und helle Holzbläser in aufsteigenden Triolen
15 bis 18 km über dem Äquator	Westwind Antipassat. Die Luft strömt zunächst nach Westen, jeweils nach Norden und Süden polwärts	Zwei einander entgegen gesetzte horizontale Klangbewegungen (melodiös, wellenartig) vom Zentrum der aufsteigenden Klangbewegungen weg
	Luft kühlt relativ ab, bleibt jedoch relativ warm gegenüber den Luftmassen der höheren Breiten	Zwei übereinander gelagerte Klangbewegungen mit graduell unterschiedlicher Klangbewegung in Tempo und Tonhöhe, obere Schicht entwickelt sich von relativ warmer bzw. dynamischeren zu graduell weniger dynamischeren Klangbewegungen
Passatinversion	Kein Luftaustausch zwischen den Luftschichten der wärmeren Luft aus der ITC und der Luft der Höheren Breiten	Parallelführung beider Klangbewegungen der aufwärtsstrebenden Klangbewegung der ITC und den absinkenden Luftmassen, also keine klangliche Interferenz
	Luftmassen werden polwärts zusammengedrängt aber behalten eine geringe Dichte bei	Zunahme der Instrumente, des Klangvolumens der weiter absinkenden Luftmassen polwärts ohne Änderung der Dynamik
30° Nord und Süd	Luftmassen müssen zur Erde ausweichen	Tiefer werden -
	Beim Absinken erwärmt sich die Luft	- aber Erhöhung der Dynamik

	Stabile Hochdruckgebiete um 30° Breite	Extreme Klangdichte, schwerer, tiefer
	Luftmassen folgen nun dem Hochdruckgefälle und strömen zur Tiefdruckrinne am Äquator	Dynamisierung auf einer Höhenebene wellenartige Horizontalbewegung zum Zentrum von beiden Seiten
	Relativ stabile Winde	Gleichmäßige Dynamik
Wirkende Corioliskraft	Ablenkung zu leicht östlichen Winden, Nordhalbkugel: Nordost-Passat nach rechts, Südhalbkugel: Südost-Passat nach links	Gleichmäßige Dynamik mit Drill nach rechts bzw. links
Äquator / ITC	Die Passate strömen in der ITC wieder zusammen	Zusammenströmen heißt auch sich umeinander drehen und wiederum in der ITC aufsteigen, wie am Anfang, höher, schneller, heller
Urpassat / Tropische Wellen	Der **Urpassat** ist ein breitenparalleles Windband und strömt aus dem Osten auf ca 2000m Höhe. Wenn es schwingt bildet sich eine wellenförmige Strömung von 15 bis 30 Längengrade. In Nord-Süd-Richtung bilden sich hochreichende Quellbewölkung mit starken Regenschauern. Mit hoher Zuggeschwindigkeit gegen Westen können sie die Keimzelle von tropischen Wirbelstürmen sein.	Parallel zur regulären Passatzirkulation kann der Urpassat wehen oder Schwingung geraten. Vorzustellen als ein Klangstrom der über eine Weite Distanz schwingt. Zunehmende Schwingung erzeugt Bewölkung und Gewitter, also Verdichtung des Klanges mit vertikal absteigenden kurzen stakkatohaften Klangfolgen, die durch Percussion unterstützt werden kann. Mit zunehmendem Tempo kann sich die Formation des Urpassates in einen Wirbelsturm entwickeln. Dies ist klanglich wohl nur möglich, wenn man eine Riesenformation von Spielern zur Verfügung hat oder wenn die gesamt Formation des Passates in einen Wirbelsturm übergeht und das Windspiel auf regionaler Ebene weitergespielt wird oder mit demselben einen Abschluß bildet. Ansonsten kann der Urpassat, wenn er schwingt, einfach als eine Passatbewegung innerhalb der Gesamtzirkulation sein.

METHODEN DER GRUPPENIMPROVISATION

Führen – Folgen (Übernahme aus der Tanz- und Theaterpädagogischen Improvisation)

- Methode um klanglich / musikalisch auf einen klanglich / musikalischen Input **mittels Nachahmung** zu reagieren
  - Einüben mit zwei Spielern
    - Diskreter Rollenwechsel
    - Gleitender Rollenwechsel bis zum klanglich / musikalischen Dialog entwickeln
  - Übung mit größeren Gruppen – 3 bis 4 Spieler
    - Einer führt die anderen folgen
    - Wechsel der führenden Rolle aus der Dynamik des Spiels zulassen
  - Übung mit großer Gruppe
    - Einer führt die anderen folgen
    - Wechsel der führenden Rolle aus der Dynamik des Spiels Zulassen
    - Auch Gruppenteilung mit zwei führenden Rollen ist eine mögliche Folge des Spiels, auch die Bereitschaft wieder zusammen zu kommen, je nach Stärke oder auch Überzeugungskraft eines führenden Spielers
  - **Bewegungsimprovisation als Einfühlung** in die Methode
    - In Zweiergruppen
      - Ein Partner macht eine Bewegung, die von dem anderen in möglichst gleicher Weise wiederholt wird
      - Nach 5 bis 10 Minuten werden die Rollen gewechselt
      - In der nächsten Übungssequenz wechseln die Partner fließend ihre Rollen, so dass immer weniger die Rollen führen und folgen von außen erkennbar sind
    - Kleinere Gruppen
      - Einer übernimmt die Führungsrolle, die anderen imitieren die Bewegung
      - Der Wechsel der Führung wird gleich fließend übernommen in dem ein anderer die Position des Führenden übernimmt, zB durch Richtungswechsel oder indem er sich vor die Gruppe hinbewegt
    - Große Gruppe
      - Wie oben
      - Hier kann auch durch Führungsdifferenzen die Gruppe zeitweise geteilt werden

Call – Response (Übernahme aus der Gesangstradition)

- Methode um durch einen klanglich / musikalischen Input – **Call** - eines einzelnen Musikers / auch einer Gruppe von Musikern eine klanglich / musikalische Antwort – **Response** - einer anderen oder größeren Gruppe hervorzurufen

  - Die Antwort oder Response kann durch Variation des Calls gegeben werden oder
  - Durch einen musikalischen Folgeklang oder Folgesequenz, die durch den Call hervorgerufen wird
  - Auch hier ist es sinnvoll von Zweiergruppen oder Kleingruppen zu größeren Gruppen vorzugehen

- Übung unter Rücksichtnahme auf Bewegungsprinzipien der Winde

  - **Von Hochdruck zu Tiefdruck**
    - Ausgangspunkt in der klanglichen Umsetzung ist der Impuls des Tiefdruck - warme Luft steigt auf, geringere Luftdichte ist die Folge. Aus dem Hochdruckgebiet strömt kältere Luft zum Tiefdruckgebiet nach.

  - **Je größer die Luftdruckdifferenz desto heftiger der Wind**

    - In Klangschichten denken

      - Was sind Klangschichten?
        Klangbewegungen. Die nicht interagieren, die parallel laufen, zB unterschiedliche Schwere haben und so leichtere Schichten komprimieren oder schwerere Schichten dynamisieren und zum Aufsteigen veranlassen.
        Wie komprimiert man Klang?

        Als thermodynamisches Beispiel, siehe die Bewegungen der unterschiedlich temperierten Luftschichten bei Warmfront und Kaltfront (siehe Excerpte klangwellenspiel.com)

Input – Interaktion

- <u>Methode um mit einem Klang oder Melodiefragment zu spielen, vor allem aber um einen bestehenden Klang- oder Spielverlauf zu verändern oder um neue Akteure auftreten zu lassen</u>

  - Einer gibt ein neues Melodiefragment / Klangelement / Klangfigur, die anderen arbeiten damit im Sinne der Variation

    - Lautstärke / Dynamik / Tempo / Tonalität / rhythmisch / Intervall verschiebend / alterierend in der Klangfarbe / alterierend im Charakter (traurig / wütend / fröhlich / heiter beschwingt / etc.)

  - Auch hier ist es sinnvoll von Zweiergruppen über Kleingruppen zu größeren Gruppen vorzugehen

  - Die besondere Herausforderung von Input und Interaktion innerhalb einer Gruppenimprovisation, in der die musikalische Bewegung des Ensembles durch Input und Interaktion als Teil oder Gesamtbewegung des Ensembles fortschreitet, ist mit unerwarteten Aktionen und Reaktionen umzugehen

    - Im Unterschied zu Call - Response und Führen - Folgen ist der Input frei von personaler Bindung. Der Input kann nacheinander aber auch gleichzeitig von verschiedenen Spielern gegeben werden.

    - Auch die Interaktion wird nicht notwendig von allen Spielern, vielleicht sogar nur von einem einzelnen Spieler wahrgenommen, um zum Beispiel den Spielverlauf beizubehalten oder noch eine andere Richtung ins Spiel zu bringen oder einfach um eine Stimme „laut werden" zu lassen

    - Anwendung von Input – Interaktion auch beim Klangwellenspiel

GRAFISCHE NOTATION VON EINZELKLÄNGEN VERSCHIEDENER INSTRUMENTE UND INSTRUMENTENGRUPPEN

- Methode um die räumlichen und klanglichen Qualitäten der Klänge einzelner Instrumentengruppen kennenzulernen und ihre Funktion in der Gruppenimprovisation gezielt einsetzen zu können

  - Um Qualitäten und Quantitäten des Klanges grafisch aufzeichnen zu können, ist das Empfinden derselben Voraussetzung. Gemessen wird nicht objektiv, sondern subjektiv, da der Raum und andere Qualitäten des Klanges körperlich wahrgenommen und empfunden werden. Die zeichnende Hand ist ausführendes Organ des Empfundenen.

- **Hilfsmittel:**

  - Papier DIN A3
  - Kohle, Rötel, Sepia
  - Pastellkreiden

  Kohle und Kreide eigenen sich am besten, weil durch eine einzige Bewegung Fläche, Linie und Farbe gezeichnet werden kann. Gerade die räumlichen Qualitäten und die Gleichzeitigkeit unterschiedlicher Klänge können am besten über Flächen dargestellt werde.

- **Vorgehensweise:**

  - **1.** Ein Musiker spielt unterschiedliche Klänge und Melodiefragmente auf unterschiedlichen Instrumenten bzw. mehrere Musiker mit unterschiedlichen Instrumenten nacheinander mit Pausen zwischen den Klängen

  - **2.** Mehrere Musiker spielen gleiche / unterschiedliche Klänge mit verschiedenen Instrumenten gleichzeitig.

    - Die anderen stellen den Klang mit seinen unterschiedlichen räumlichen und klanglichen Aspekten grafisch dar

    - Die räumlichen und klanglichen Aspekte können zunächst getrennt, später zusammen dargestellt werden

      - **Räumliche Aspekte**

        - Ausbreitung im Raum
          - Lage im Raum
          - Verlauf
          - Ausdehnung / Volumen
        - Dichte[2] des Klanges
        (wie dicht ist der Klang? Ist er dichter in tiefer, in mittlerer oder höherer Tonlage)

---

2 Die Dichte kann sowohl unter dem Aspekt der räumlichen Qualität des Klanges als auch unter dem Aspekt der Klangfarbe betrachtet werden

- **<u>Klangliche Aspekte</u>**
  - **Schwingungsqualität**
    - <u>Homogen</u>
      - Kleine / mittlere / große Schwingungsamplitude
    - <u>Divers</u>
      - unregelmäßiger oder gebrochener Schwingungsverlauf
  - **Farbe**
    - <u>Farbton</u>
      - Erdig / Luftig / Grell / andere
    - <u>Temperatur</u>
      - Warm / wärmer / am wärmsten
      - Kühl / kühler / kalt / kälter / am kältesten
    - <u>Intensität</u>
      - Dichte bzw. Transparenz der Klangfarbe auch Schwere oder Leichtigkeit des Klanges
  - **Charakter**
    - Leicht / beschwingt / fröhlich / sachlich / traurig / wütend / zornig / u.a.
      - zB als farbliche oder zeichnerische Komponente darstellen

  - Um grafische Notationen als Kompositions- oder Spielgrundlage verwenden zu können, ist es hilfreich
    - Farben und Formen zu definieren, damit sie für alle lesbar sind
  - Eine grafische Notation als Spielgrundlage ermöglicht den Musikern die grafischen Elemente
    - frei zu interpretieren oder
    - gemeinsam grafische Zeichen zu definieren
  - Andere bildgebende Mittel als Notationshilfen
    - Zeichnung / Malerei / Computergrafik / Collage / andere
  - bestehendes Bildmaterial zB zu Windbewegungen recherchieren und als Grundlage für eine Spielanweisung interpretieren, bearbeiten oder verwenden

GRAFISCHE NOTATION ZU KLANGFARBE – KLANGDAUER – KLANGVOLUMEN – RAUMORT DER EINZELNEN

BLASINSTRUMENTE

<u>Räumliche Gegebenheit</u>: akustisch geeigneter großer Raum

<u>Hilfsmittel</u> wie unter Grafische Notation angegeben

<u>Tabellen</u> (siehe Anhang)

1. Klangfarbe

- o Je ein Instrument aus verschiedenen Instrumentengruppen spielt dieselbe Klangfolge mit gleichen, dann unterschiedlichen Tondauern, in der jeweiligen Mittellage des Instrumentes
  - Einzeln
  - Gemeinsam unisono
  - In Kleingruppen unisonso, mit verschiedenen Besetzungen
- o Dieselbe Klangfolge wird in Klangdauer auf das Klangvolumen des jeweiligen Instrumentes angepasst und
  - nochmals einzeln vorgespielt
  - dann in Kleingruppen
  - schließlich gemeinsam
- o Die Hörenden zeichnen mit unterschiedlichen Farben – die sie vorher bezüglich Wärme und Kühle der Klangfarbe definiert haben - die jeweiligen Klangbeiträge der verschiedenen Instrumente,
  - machen sich Notizen und
  - stellen eine Abfolge und Gruppenzuordnung der Instrumente nach Klangfarben mit Fokus auf Temperatur zusammen.
  - Sie charakterisieren das Zusammenspiel verschiedener Instrumente hinsichtlich
    - Gegenseitiger Dynamisierung
    - Gegenseitiger Unterstützung im Sinne der Komplementarität
    - Kontrastieren – divergieren – überlagern
    - Wertigkeit: dominieren – unterliegen – schwinden
    - Räumliche Lage
- o Tonumfang der einzelnen Instrumente.
  Auf- und Abwärtsbewegung in unterschiedlichen Intervallschritten
  - Die Hörend Zeichnenden charakterisieren Unterschiede der Klangfarbe innerhalb des Tonumfanges des einzelnen Instrumentes
- o Zusammenspiel verschiedener Instrumente in unterschiedlichen Höhenlagen. Nach den ersten Aufzeichnungen und Analysen können die Hörer / Zeichner gezielt untersuchen, in dem sie das Zusammenspiel und die Art und Weise bestimmen.
  - Zweier- Dreier- Vierergruppen
    - Die Hörend Zeichnenden können hier Verhältnisse im Zusammenspiel unterschiedlicher Instrumente erforschen und visuell darstellen

2. Klangvolumen – Klangdauer - Raumort

- o Ausgangspunkt wie oben. Spiel der einzelnen Instrumente.
  Gespielt wird
    - Ton in Mittellage mit unterschiedlicher Tondauer und Intensität
    - Einzeltöne in unterschiedlichen Lagen mit unterschiedlicher Tondauer und Intensität
    - Tonfolge von drei bis fünf Klängen, mit unterschiedlicher Dauer der Tonfolgen in unterschiedlichen Lagen
    - Auf- und Abwärtsbewegung des gesamten Tonumfangs mit unterschiedlicher Intervalldichte
- o Die Hörend Zeichnenden zeichnen den Klangumfang der jeweiligen Beiträge, auch die räumliche Lage der einzelnen Klänge und Klangbeiträge der einzelnen Instrumente
- o Je ein Instrument einer Instrumentengruppe spielt parallel dieselbe Abfolge wie oben
- o Unterschiedliche Instrumente in unterschiedlicher Konstellation und Gruppengröße spielen dieselben ausgewählte Klänge und Klangfolgen, dann verschiedene vor allem in unterschiedlicher Höhenlage
- o Die Hörend Zeichnenden zeichnen den Klangumfang der jeweiligen Beiträge mit unterschiedlichen Farben zur Differenzierung der einzelnen Instrumente, dabei auch Beachtung des Raumortes der Klänge, d.i. die Höhenlage im Raum

Übungsabfolge beider Sequenzen gesondert für die Notation der Körperresonanz der Klänge mit Hilfe von Körperumrisszeichnungen

Hilfsmittel:
gedruckte Vorlagen oder eigene Körperumrisszeichnungen mit Frontalansicht und Seitenansicht des menschlichen Körpers als Notationsgrundlage

IMPULSE FÜR ÜBUNGEN MIT MUSIKALISCHER FORMENSPRACHE

(auch aus der Musikliteratur)

- Eine Sammlung von musikalischen Formen, insbesondere melodische Fragmente oder Motive für Windfiguren und Windbewegungen können von den jeweiligen Übungsleitern zur Verfügung gestellt werden oder von allen Ensemblemitgliedern erfunden, recherchiert und zusammengetragen werden. (mögliche Beispiele: aus dem Werk von Steve Reich, Stück „Pulse"; Haydn, Die Jahreszeiten; Dvorak, Serenade für Bläser, andere impressionistische oder romantische Komponisten)

- ## Arbeit mit Melodiefragmenten

    - **Variation**

        - Wechsel der Tempi
        - Lautstärke
        - Intervalle
        - Tonart
        - Klangfarbe
        - Harmonien
        - Wechsel der Stimmführung
        - Bindungsqualität
        - Dynamik
        - Ton-/Intervallfolge
        - Etc

    - **Transformation** in neue Melodie / Klanggestalten

        - Die einzelnen Modi auf die Spitze treiben, zb. Lautstärke verändert die Dauer der Töne. Auch mit der Frage, was Lautstärke fordert, zb mehr Raum, Vereinfachung der Struktur, und dann wieder leiser werden, um Zwischentöne hören zu können und damit mehr Struktur zu zulassen

        - Durch Wechsel der Tonart, auch Wechsel der Stimmung und mit dem Wechsel der Stimmung Wechsel einzelner Intervalle oder des Tempos und der Klangmodi (siehe unten) o <u>Arbeit mit Klangfiguren und Klangmodi</u>

Klangmodi

- Klangentwicklung vom Hauch zum breiten starken Lautstrom, der wieder zu Hauch verebbt oder bis zum Tonlosen ausgeblasen wird
- voller runder satter Klang
- sanft schwingende Klang
- erscheinender – schwindender Klang
- lebhaft schwingender Klang
- vibrierender Klang
- lauter / schriller Klang
- fester / unsicherer Klang
- unsicherer / stotternd
- Impuls gebend
- Harmonische Klangfolgen
- Dissonante Klangfolgen

Klangfiguren

- Intervallabhängige Klangfiguren
- Klangfiguren mit unterschiedlichen Modi
- Sich wiederholende Klangfiguren / Intervallfolgen
- andere

Verzierungen

- Tremolo
- Triller
- Triolen / Quartolen / Quintolen etc.

o <u>Technik</u>

Von den jeweiligen Lehrern und Workshopleitern zu benennen und vorzuführen
- Als Beispielsammlung den TeilnehmerInnen des Ensembles zur Verfügung stellen

- **Blastechniken**

  - Ansatz / Ansätze
  - Verlauf
  - Übergang
  - Abschluss

- **Spieltechniken**

METHODENWORKSHOP (BEISPIEL)

Windbewegungen **im Solo** erforschen

- ## 1. Einheit

  - **Improvisationsübungen**
    - Anhand von Zeichnungen und Windschemata klangliche Verläufe erproben
    - In Dreiergruppen Wortbilder / Bilder zum Wind klanglich improvisatorisch mit unterschiedlichen Instrumenten umsetzen

  - **Spielsequenz mit dem Atem**
    - Dynamik der Atmung
      - Aufwärts – abwärts
      - Tempowechsel
    - Verdichten – verdünnen / pressen - hauchen
    - Wechselnde Schwingungsgrade auf einem Ton
    - Atemluftfiguren / -ornamente
      - Hilfsmittel:
        - Vorstellung: eine Plastiktüte, Blätter oder Drachen, die durch den Wind bewegt werden in Klang umsetzen.

  - **Blastechniken und Ansatz spielerisch erforschen und erproben**
    - **Hauch**
      - Entwicklung musikalischer Formen aus dem Hauch
      - den Hauch mit anderen Instrumenten dynamisieren ohne ihn „auszublasen" entsprechend einer Kerzenflamme mit unterschiedlicher Luftbewegung
      - etwas mehrfach anblasen bis es in Bewegung kommt
    - sanfte Windentwicklungen mittels grafischer Visualisierung oder thematischen Vorstellungsbilder klanglich umsetzen

  - **Aufgabe für Zuhause**
    - Jeder erforscht gedanklich und zeichnerisch im Wechselspiel mit seinem Instrument Windbewegungen / Windfiguren, auch mit Hilfe von Recherchen zur Windentstehung und Winddynamik
    - eine Windbewegung / Windverlauf vorbereiten und zur nächsten Stunde präsentieren

- ## 2. Einheit

  - Vorspiel der gefundenen Windbewegungen / -figuren
  - Sammeln und dokumentieren der gefundenen Windbewegungen (aufzeichnen der Spielweise, schriftlich / zeichnerisch / mit Klang- und Videoaufzeichnung)
    - Klangliche Elemente erkennen, benennen und dokumentieren
    - Aufbau einer verbindlichen Nomenklatur und Formenlehre

- o **Unisono mit unterschiedlichen Instrumenten erproben**
  - ▪ Alle spielen einen Kanon wenn möglich in gleicher Stimmlage in mittlerem, eher getragenem Tempo
  - ▪ Nach und nach lösen sich die einzelnen Instrumente von der
  - ▪ gemeinsamen Klangbewegung und folgen einer eigenen
  - ▪ Stimmlage und eigenem Tempo mit relativer Konsonanz zu den anderen Instrumenten

Windbewegungen über **Führen – Folgen** erproben

- **3. bis 6. Einheit**

  Räumlichkeit: gemeinsamer Raum und einzelne Proberäume für Zweier- und Kleingruppenspiele oder großer Raum mit drei bis vier Zweiergruppen, die anderen hören und schauen zu

  - o **Übung zu zweit**,
    - ▪ Mit gleichem Instrument
    - ▪ einer gibt Klang / Klangfolge vor, der andere imitiert / Rollenwechsel
      - • Diskreter Wechsel
      - • gleitender Wechsel, aber weich, Bereitschaft für beide Rollen
    - ▪ Mit verschiedenen Instrumenten

  - o Dasselbe Prinzip mit **größeren Gruppen** und **unterschiedlichen Instrumenten / Instrumentengruppen,**

    - ▪ zB. je 2 und 2
    - ▪ mit drei Instrumentengruppen mit je 2 Spielern

    Anleiten mit Klangimpuls um andere Bewegungsprinzipien zu integrieren (Methode Input – Interaktion)

    - • **Verstärken eines Inputs** durch gleiche / andere Instrumente

    - • **Kontrapunktisch arbeiten**
      - o Ein neuer Bewegungsimpuls, der durchgeführt und von einigen gefolgt wird, der eine andere Bewegungsführung beeinflusst / umlenkt / wieder zu einer Gesamtbewegung führt oder
      - o beide Bewegungsführungen dynamisieren sich gegenseitig, um in eine neue Gesamtdynamik überzuleiten

    - • **Wechsel der Windgestalt** - Gleitend / dynamisch-prozesshaft entwickeln / abrupt / sprunghaft

- **Herausbilden unterschiedlicher Funktionen einzelner Instrumente**
  (Vorübung grafische Notation siehe Methoden)
  - **Pusher** – das Geschehen antreibt aus einer bestimmten Richtung
    - zB: Tuba / Horn – markant / tragend / kraftvoll / durchdringend
  - **Quirl** – in quirligen Bewegungen dynamisieren
    - zB: Pikkolo Flöte / Querflöte / Klarinette
  - **Bremser** – ein Instrument zieht Klangfigur in die Länge, verlangsamt das Tempo
    - zB: Oboe
  - **Stotterer** – Form des Abbremsens
    - zB: Horn / Alphorn ?
  - **Aufsteiger** – Aufwind erzeugen
    - zB: Schwingendes Rohr
  - **Andere**

Nach und nach andere Methoden mit einbeziehen.
Siehe: Spielerläuterung bei Methoden der Gruppenimprovisation

- **Call – Response**
- **Input – Interaktion**

Einzelne Improvisationsspiele integrieren

DER ATEM DER BLÄSER EINE ATEMÜBUNG

Stehen auf der ungepflasterten Erde, stabil, Füße leicht auseinander

Der Atem kommt und geht

Und verbindet sich nach einer Weile mit der Erde

Der Atem strömt aus dem Boden, durch die Füße nach oben

Wie strömt er?

Senkrecht aufsteigend

Aufsteigend in spiraligen Wellen

Ein glucksender Perlenstrom

Strömt unaufhörlich auch mittig zwischen den Beinen aufwärts

Strömt zwischen den Beinen durch das Becken

Nimmt Raum im Becken mehr und mehr

Steigt weiter auf durch den Oberkörper

Nimmt Raum und Kraft unablässig durch die Erde aufwärts

Füllt und steigt

Durch den Bauch und Brustraum

Strömt durch Nacken und Kehle

Und die Hände nehmen den Sauerstoff auf

Fließt durch die Arme nach oben

Steigt mit dem Strom durch Hals in über und um den Kopf herum weiter nach oben

Setzt sich fort

Unablässiges strömen aufwärts

So stehen und atmen

Dann die Arme seitwärts auf und nieder bewegen

Strömen

Den Körper mehr und mehr öffnen

Was strömt?

Im Strömen fokussieren

Aus dem Fokus einen geblasenen Ton denken

Dann einen anderen

einen weiteren

Wie verändert sich der Strom, der unablässig aufwärts strömt?

Vermehrt er sich

Wird er weniger

Verändert sich die Form des Stromes?

Mit dem Ton, dem gedachten, den Strom verändern

Mit dem Strom den Ton verändern

Mit dem Ton den Strom und über den klingenden Strom die umgebende Luft in Schwingung versetzen

Einen anderen Ton

Einen weiteren

Mit den Tönen Strom und Luft verändern

Aus dem Strom den Ton extrahieren

Aus der umgebenden Luft den Strom und den Ton extrahieren

Verbindung zur umgebenden Luft aufrecht erhalten

Töne, Klänge, Melodien über den Strom aus der Luft ziehen

Kommunizieren

die Töne mit der Luft und die Luft mit den Tönen

Dieselbe Übung mit Instrument auf Basis der Atemübung

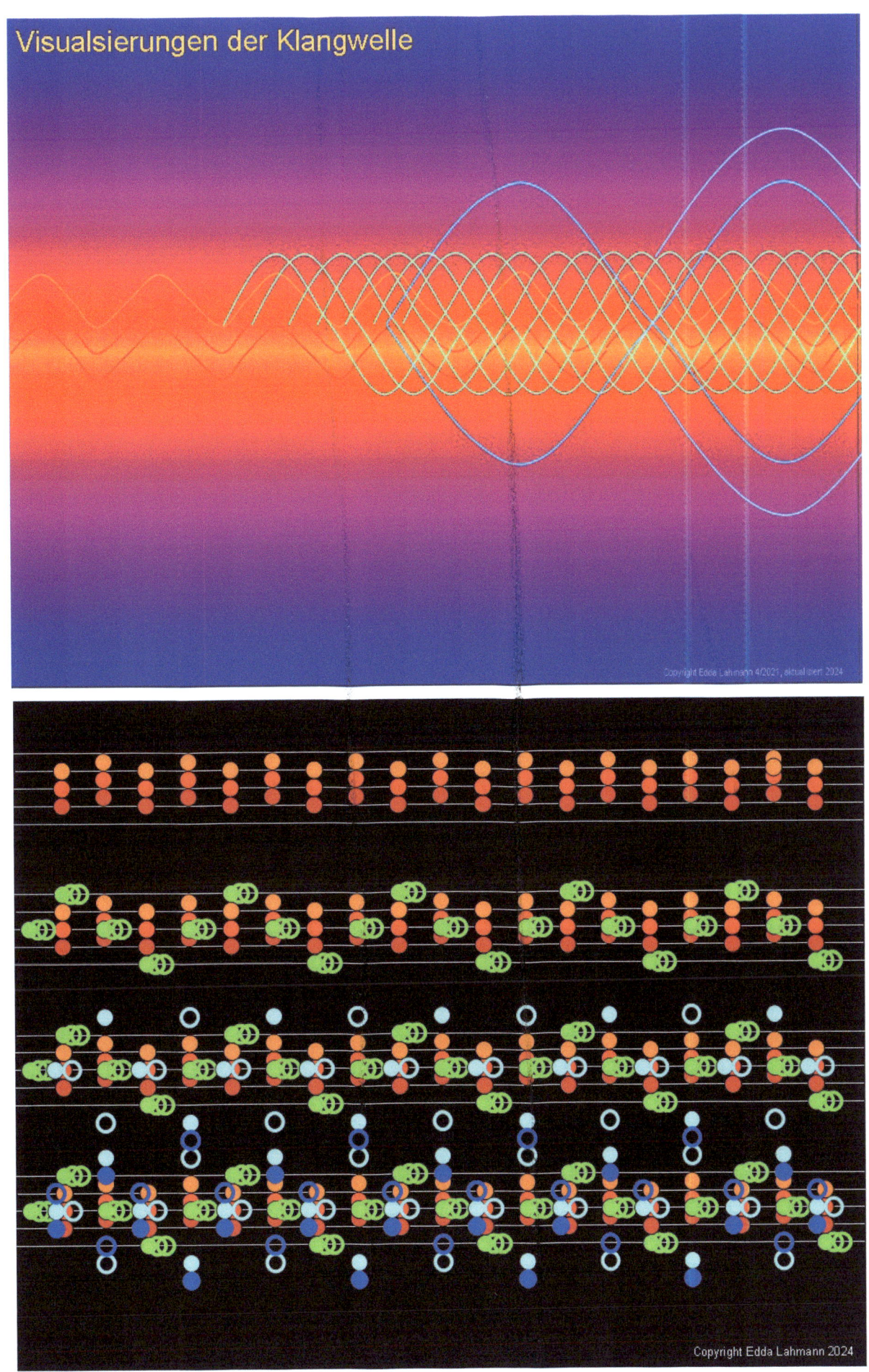

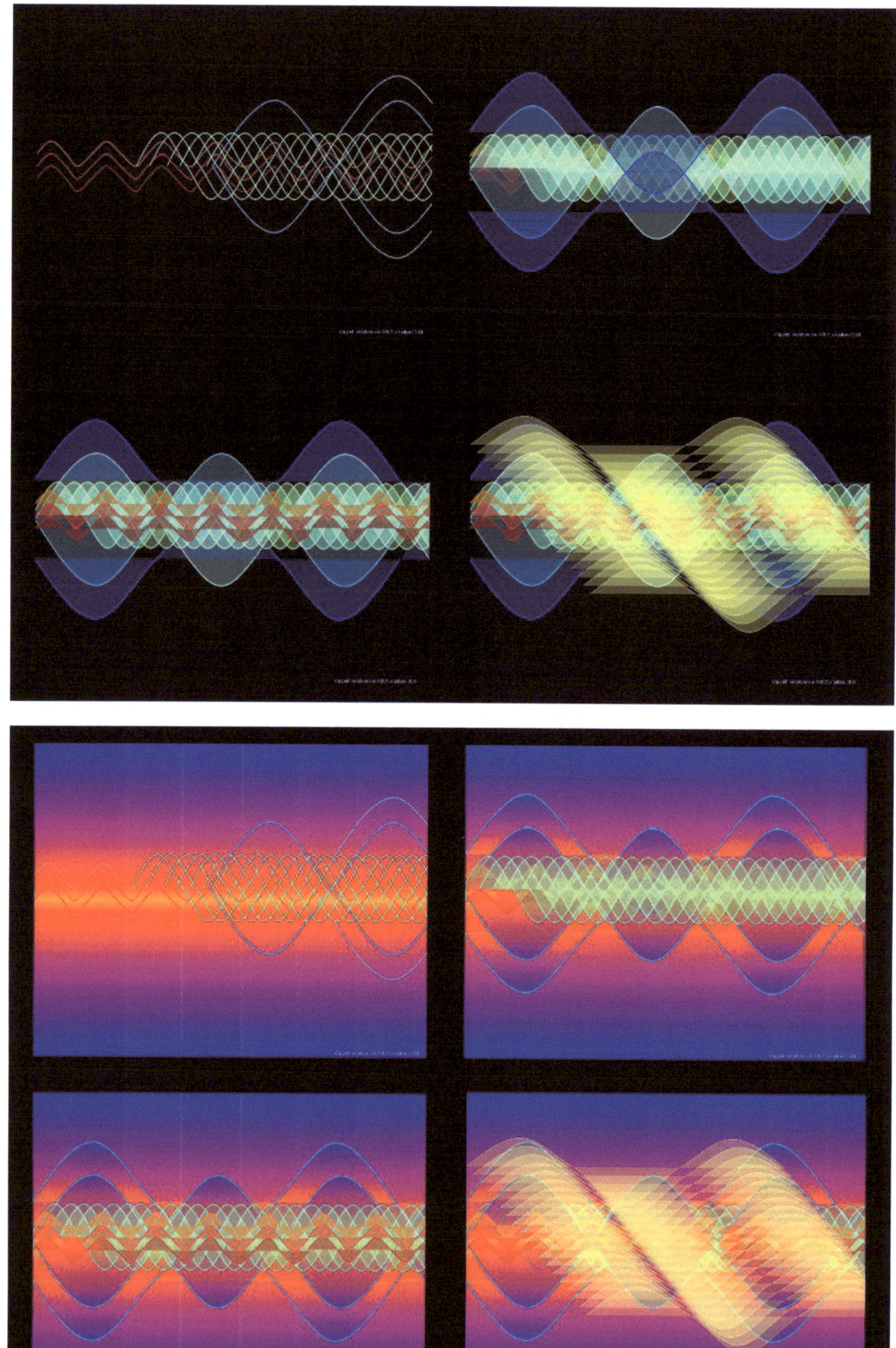